Dieses Buch verändert die Welt,
weil es das Denken verändert.

Warum in die Ferne schweifen,
denn das Gute liegt so nah?

ALLES LEBEN IST DAS SPIEGELBILD
UNSERES GEDANKENGUTES

JEDER MOMENT SPIEGELT UNSERE
GEDANKENVIELFALT WIDER

ALLES LEBEN IST UNTRENNBAR
MITEINANDER VERBUNDEN

Nehmen wir mal an...

Das Folgende ist die Wahrheit,
und nichts als die reine Wahrheit.

Wie würde sich Ihr Leben verändern,
wenn Sie sich entscheiden,
es anzunehmen?!

Gudrun Fischer

Jetzt hat´s gefunkt

Knaller einer geistigen Bergbesteigung

Herstellung und Verlag: Books on
Demand GmbH, Norderstedt 2010

© 2010 Gudrun Fischer

www.rain-bow-network.de
www.wffg.de

Umschlaggestaltung: Gudrun Fischer
Innenlayout: Gudrun Fischer

ISBN-13: 9783837060294

Inhaltsverzeichnis

Vorwort

Ich bin der Funke, der in uns Allen wohnt,
der überspringt,
wenn es im Geist gewaltig schnackelt...
Nennen wir mich Fünkchen,
Energie in Reinkultur,
wie DU und ich. Wir sind eins.
Das Leben ist einfach zur Freude da.
Und... Humor ist ein Gradmesser für
geistige Beweglichkeit...für Bewusstheit.

Heute schon gelacht ?
Lachen befreit,
macht neuen Gedanken Platz.
Bist Du bereit Deine Lebensvisionen zu
verwirklichen ?
Schon darüber nachgedacht ?
Schon mal ausprobiert ?
Es ist einfach!!!

So ein kleines Buch kann es „in sich
haben" und Dir den Einstieg erleichtern.
Ein praktischer Ratgeber. Zündende
energiegeladene Worte, Fakten. Wahre
Geschichten zum Schmunzeln. Es ist die
etwas andere Art, universelle Wahrheiten
zu beleuchten. Nur wer locker den Berg
der geistigen Geröllhalde bezwingt,
kann unten von der Weitsicht schwärmen.

Wenn Dir am Ende des Buches bewusst wird, dieses Wissen bedurfte nur Deiner Erinnerung, dann hat` s gefunkt.

Dieses kleine Büchlein handelt von Zwei`n, die auszogen, sich selbst kennen zu lernen.
Sie hatten den Mut und die Kraft, den Alltag in die 2.Reihe zu setzen und ihre persönliche geistige Arbeit in den Mittelpunkt zu stellen. Mit jeder neuen Erfahrung füllte sich ihr Wissenskonto.
Sie nannten es ihre eigene geistige Bergbesteigung. Sie wussten nicht, was sie alles nicht wussten. Oft genug blieb ihnen der Mund offen, wenn sie wieder und wieder Licht in so manches Dunkel brachten. Jeden Schritt genossen sie. Jede Erkenntnis wurde gelebt, immer und immer wieder, bis der geistige Topf voll war. Wissen, was in einem Kopf schmort, nutzt niemanden.
Sie geben es voller Freude weiter.
Die beiden gehen ihren Weg und der Topf füllt sich immer wieder auf` s Neue.
Mit jedem Schritt in diese Freiheit, in die Bewusstheit, fällt es ihnen leichter, anzunehmen, einzuordnen und zu leben.
Es hat gefunkt und diese Funken mögen auch Deinen Weg erhellen.

Viel Spaß beim Lesen.

„Fünkchen" wünscht Dir, dass es funkt.

Ich habe aus all dem Wissen,
den Erfahrungen, den Fakten,

eine leicht verdauliche Kost zubereitet.

Kleine Geschichten erzählt man, große bewegen die Welt

Reisebericht einer gelungenen geistigen Bergbesteigung

Fünkchen:
„Ohne diese Krackseltour würde es dieses Büchlein nicht geben, also auf geht` s."
Lassen wir die beiden Bergsteiger zu Wort kommen.

Na, wie wär`s, Kaffee oder Tee? Mach es Dir gemütlich. Lass den Schalk im Nacken sitzen. Wir wollen gemeinsam viel Spaß haben. Humor saugt die drückenden Gedanken weg. Er hält absolut nichts von der Goldwaage, die jedes Wort sorgsam abwägt. Lachen befreit. Es spült den Schlamm weg. Manch verlorener Schatz erstrahlt im neuen Glanz. Gönn`Dir diesen Kick. Fühle Dich wohl und sei entspannt. Die nächste Bergbesteigung könnte Deine eigene sein. Die kühnsten Träume sind Waisenknaben gegen unser Erlebtes. Gigantisch! Wir könnten Purzelbäume schlagen, singen, tanzen, fröhlich sein. Eine geistige Bergbesteigung vom Feinsten. **Gelebt, gelernt, gelacht.**

Wir sind wieder da. Unsere Rucksäcke sind randvoll mit Fakten, Erlebnissen, Erkenntnissen und Weisheiten gefüllt. Packen wir es gemeinsam aus und lasst es uns bei Licht besehen.

Wir zwei „Scherz Kekse" hatten schon so Manches erlebt, doch diesmal kamen wir aus dem Staunen nicht mehr heraus. Bis heute! Völlig neue Gedanken bahnten sich ihren Weg, stimmten uns nachdenklich, machten uns neugierig und begeisterten uns. Wir sagten uns, wenn wir das ausprobieren und es funktioniert, na dann „Prosit", auf eine tolle Zukunft.

Wir starteten. Gab es so etwas wie eine Wegbeschreibung, eine Landkarte, Navi? Ne, nix von alledem. Glaube, Vertrauen, Mut waren gefragt. Sollten wir? Gemeinsam? Alt Bekanntes loslassen? Neues annehmen? Dem Zweifel ade sagen? Die Sendestationen innere Stimme und das Bauchgefühl waren startklar. Völlig neue Frequenzen standen uns zur Verfügung. Wir gingen auf Empfang. Ja, denkst` e! Jede Menge neue Programme und nix zu hören. Was nun? Was tun? Wir studierten viele interessante Betriebsanleitungen. Anregungen, Ideen, umfangreiche komplizierte Abhandlungen.

„Geht`s auch einfacher?", fragten wir uns. „Und nicht so trocken?" Wenn schon den Sprung ins Unbekannte, dann aber bitte mit Spaß. Langsam stimmten wir uns ein. Wir begriffen unsere eigenen Visionen. Den Rahmen zumindest, die Einzelheiten bleiben wohl ein Puzzle auf Lebenszeit.

Wir erzählen Dir unseren Weg.

Der Alltag hatte uns mehr oder weniger fest im Griff. Wir fühlten uns eingeengt und liefen wie an einem Gummiband durchs Leben. Manchmal gab es nach, dann schnippte es wieder zurück. Was blieb, waren blaue Flecken, Beulen und der Beigeschmack von Misserfolg.
Jetzt liefen wir unbesorgt weiter und das Gummiband rollte sich auf.
Herrliche Gummibandleine! Wir spürten Bewegungsfreiheit und freuten uns darüber. Mit dem Kennwort „Gute Laune" ging`s unbekümmert vorwärts.
Wenn einer eine Reise tut, dann kann er was erleben. Jeder Schritt machte Mut auf mehr. Das Gummiband war bald vergessen. Es gab kein Halten, kein Zögern mehr. Komme, was da wolle. Und es kam. Manchmal ganz schön dick. Wir schnappten nach Luft und gingen weiter.

Der Berg eines geistigen Wirrwarr lag uns zu Füßen, besser, er türmte sich vor uns auf. Das hatten wir dem frei schaufeln unserer Visionen zu verdanken.

Wahnsinn? Irrsinn?

Oder, Spürsinn, macht Sinn !

Wir glaubten, was wir spürten.

Wir schalteten auf Empfang. Gefühl und innere Stimme wünschten uns viel Glück.

In dem Moment entschieden wir uns zu 100% für unsere eigene geistige Bergbesteigung. Denn nur wer oben gestanden hat, kann unten von dem Weitblick schwärmen. Kennt das Gefühl.

Wir schauten nach oben. Na gucke, da krackselten tatsächlich schon einige Wenige auf dem Berg herum. Faszination strahlte von Ihnen aus. Ihr Wissen war uns plötzlich zugänglich. Das tat gut.

Mensch Meier, was geht hier ab? Die Vorreiter auf dem Berg hatten ein One-Way Ticket" gelöst. Sie schicken alle Informationen zur Bodenstation. Dort landen sie in Selbstbedienungsläden. Für alle zur freien Auswahl. Doch für viele sind sie noch unerreichbar. Ihr Gummiband hält sie glatt zurück. Es gibt Menschen, die vor lauter Gummibandbeschäftigung keine Ahnung von ihren Möglichkeiten der Fortbewegung und Veränderungen haben.

Ihnen ist die Existenz vom Gummiband nicht einmal bewusst und wenn, dann verneinen sie dessen Ausdehnung. Wir standen ebenso vor diesen Überlegungen. Sie gehörten auch zu unserem Gummibandleben.Unsere innere Stimme, unser Gefühl, unsere gute Laune, unsere Neugierde, unser Pioniergeist, das alles führte zur Ausdehnung unseres Gummibandes.

Anfangs unbewusst, doch äußerst wirksam. Mein Gott, da hatten wir uns auf etwas eingelassen.

Halleluja und Karl Hahnewacker.

Wir wussten ja gar nicht, was wir nicht wussten. Jetzt wollten wir`s wissen.

Ganz schön kess. Doch irgendwie auch notwendig, alles in Erfahrung zu bringen.

Fünkchen:
Eine geistige Bergbesteigung ist wie eine echte Krackseltour. Ohne wenn und aber.

Wenn der Stein ins Rollen kommt, musst Du wissen, was Du tust, die Lösung spüren und spontan an sie glauben. Du musst Dich **auf Dich verlassen.** Zurufe bringen Dich höchstens ins Wanken.

Auf **Dein Gefühl** hören. **Mut** haben, die Sache voller Freude zu Ende zu bringen, mit **Spaß** und sportlichem Können.

Alles weglassen, was Dich am Aufstieg hindert, geistigen Ballast entsorgen. Dann ist es einfach und nachahmenswert...

Genau das haben wir zwei gemacht.
Wir haben die neuen Ideen von allen Seiten beleuchtet. Angefangen sie zu leben. Es war eine wunderschöne Zeit. Wir haben uns täglich Mut zugesprochen. Ständig unsere Gedanken ausgetauscht. Gleiche Ergebnisse haben uns in unserem Vorhaben bestärkt. Da war sie also, die Vision in Aktion. Am Anfang sahen wir ganz schön alt aus. Wir fragten uns mehr als einmal, „wer sagt uns den nächsten Schritt? Stimmt die Richtung noch?"

Fünkchen:
Hör auf Dein Gefühl. Vertraue Dir. Das ist Deine Landkarte, Dein Wegweiser. Was Du Dir vorstellen kannst, findet auch Platz in Deinem Leben. Du selbst setzt alles in Bewegung. Alles oder nichts.
„Schläfer oder Aufgeweckter"...

Unser Verstand will ständig Antworten auf alles. Genauer gesagt, unser Ego will es. Das sitzt schön warm da oben drin und bremst uns ständig aus. Gerade schüttelt es über diese Bergbesteigung den Kopf.

"Warum?", ist seine Lieblingsfrage. Jede Entscheidung will es begründet haben. Schießt dagegen, jammert, lästert. Es denkt sich die unmöglichsten Märchen aus. Es schürt die Angst und den Zweifel. Verteilt jede Menge Seitenhiebe. Nehmen wir unser Ego mit einem Schmunzeln an, beobachten nur, wenn es mal wieder über die Stränge haut, löst sich der Widerstand auf, neues Gedankengut meldet sich zu Wort, wir fühlen, diesem zu vertrauen.

Natürlich gab es viele Ego`s, die sich bei uns zu Wort meldeten. Kein Wunder. Während unserer Bergbesteigung gab es einige „verrückte" Entscheidungen. Von den Ego`s als nicht nachvollziehbar abgestempelt. Wir wussten, was wir taten. Wir entschieden uns für das gute Gefühl und strahlten. Wir hätten die ganze Welt umarmen können. Wissen zu entdecken, tut einem gut. Bestärkt die eigene Absicht. **Unsere Vision, die Betriebsanleitung finden, leben und weiter empfehlen.** Unser Gummiband hatte sich in Luft aufgelöst. Meterweise lasen wir Bücher. Kenntnisse flossen uns nur so entgegen. Im Tun und vorwärts gehen sammelten wir Erfahrungen. Unsere innere Stimme führte uns zu unserem wahren Wissen.

Wir erkannten Stück für Stück,
was es heißt, sich darauf einzulassen,
zu 100% Vertrauen, zu 100% Glauben,
zu 100% sich festlegen, zu 100% auf sein
Bauchgefühl hören, zu 100% seinem Ego
die Entscheidungsgewalt entziehen, zu
100% andere Ego`s liebevoll grüßen, zu
100% sich selbst annehmen, zu 100%
dem Zweifel ade sagen, zu 100% Allen
freundlich zuwinken, zu 100% sich selbst
treu bleiben, zu 100% ehrlich sein, zu
100% mutig weitergehen, zu 100% mit
dem neuen Wissen den Erfolg planen und
dort ankommen. Unbeschreiblich schön.
Mit jedem Schritt fühlten wir uns leichter.
Bilder entstanden im Kopf. Wir lernten sie
zu erkennen, sie einzuordnen, sich mit
ihnen wohl zu fühlen. Langsam formten
sich die Dinge. Und was für Herrliche!
Wir hatten jetzt das Wissen, unser wahres
SELBST aus zu pellen, ihm die Führung
zu übertragen. Unser Ego integrierten wir
nach und nach liebevoll. Tauften es auf
den Namen „Jolli". Jetzt sitzt es in der
zweiten Reihe. Unsere Ideen bekamen wir
nun auf dem direktem Weg. Wir waren auf
der richtigen Frequenz. Gedanken wurden
klarer, je mehr wir an Höhe gewannen.Wir
hatten das Gefühl, mit allem ringsherum
zu verschmelzen. Eins sein mit der Welt.

Grenzenlos, Gedanken frei, „innerlich" befreit von allen Lasten, vom Müll der Kleinlichkeiten. Das war ein Lebensgefühl auf dem Berg. Es hatte sich bis hierher schon gelohnt. Wir glaubten den guten Erfahrungen. Wir hatten die Kraft der Gedanken und die Macht der Gefühle auf Herz und Nieren geprüft. Wir wussten jetzt, wir können alles erreichen. Unsere Lebenspotentiale, unsere Möglichkeiten, hatten sich uns erschlossen. Wir staunten über „Ungewöhnliches" und nickten es ab.

Fünkchen:

Lege Deine Visionen, Deine Träume, frei. Formuliere Deine Wünsche, erkenne Deine Möglichkeiten, stelle Dir Dein neues Leben in Bildern vor. Lausche Deinen Gedanken. Erkenne Deine Schöpferkraft.
Das Versandhaus Universum liefert komplett. Deine innere Stimme kündigt Dir die Lieferungen an und Dein Gefühl wählt aus. Es passt schon. Es fließen genau die richtigen Dinge in Dein Leben. Triffst Du auf ein Problem, hängt die Lösung hinten dran. Schau nach. Es ist ein „Kinderspiel."
Rucksack packen, Gummiband ade, Empfang einschalten, ab geht die Post.
Folge Deinem Gefühl, bedingungslos!

Unsere Rucksäcke füllten sich langsam mit Erfahrungen, sichtbaren Ergebnissen, mit zur Realität gewordenen Träumen. Viele Ego`s waren in Lauerstellung dabei. Unsere beiden waren anfangs geradezu aufsässig. Mit Vorwürfen und Misstrauen haben sie uns beide bombardiert. Ego`s sind sehr schlau und geben nicht einfach auf. Wir haben viel über sie erfahren. Sie haben sich uns offen gezeigt. Eine Menge aus dem Nähkästchen geplaudert. Als Dank dafür haben wir ihnen ein eigenes Buch gewidmet. Es unterstreicht die Wichtigkeit dieser Teamarbeit, Gefühl und Verstand. Leben als doppeltes Lottchen.

Die Kostbarkeiten dieser Bergbesteigung haben wir Euch ausgepackt. Mundgerecht angerichtet. Ihr dürft zugreifen. Einfach nach Herzenslust probieren. Entscheidet selbst. Annehmen oder Ablehnen?
Es liegt in Eurer Hand, besser in Eurem Bauch. Steigen oder bleiben? Ihr seit noch am überlegen? Wir helfen gern. Wir haben aus allen Zutaten viele kleine Leckereien zusammengestellt und mit Liebe gewürzt. Es ist sicher für jeden das Passende dabei. In Geschichten und Geschichtchen. Fakten, klare Worte, alt Bekanntes neu betrachtet, eine neue Sichtweise gewählt.

Wir gehen weiter, immer weiter und es ist kein Ende abzusehen. Wir haben für Euch die etwas anderen Betriebsanleitungen geschrieben. Wer wagt, gewinnt. Je mehr es wagen, um so mehr spricht es sich herum. Es erreicht auch diejenigen, die weder vom Berg noch vom Gummiband, noch von dessen Ausdehnung, je gehört haben. Die von Tuten und Blasen keine Ahnung haben. Ein bisschen „Rabatz" muss schon sein. Wir drücken jetzt mal gehörig auf die Tube. Eine Klingel Partie ist angesagt, Spaß pur. Das Signal zum „Aufstieg". Der Berg ruft. Sonnenschein auf allen Wegen, gute Laune im Gepäck.

Wir wünschen Dir, dass Du jetzt genau so neugierig bist, wie wir es bis heute sind. Dass du zu 100% Alles gibst und dann zu 100% Alles annimmst, was für Dich in Deinem Leben bereitsteht, Alles von Dir selbst inszeniert und ins Leben gerufen.
Na dann, auf eine gigantische Zukunft.

Fünkchen:

Bist **DU** bereit?
Lassen wir es krachen ...

Der erste Schritt

„Wer bin ich und was kann ich,
beschäftigt die Menschheit seit ewigen
Zeiten und die Antwort liegt so nahe.
Genau das ist der Punkt, an dem wir, im
Leben, so oft stolpern. Weil die Lösung
direkt vor unseren Füßen liegt, wir darüber
fallen, sie damit verdecken. Die Antwort ist
„einfach". Wenn wir sie kennen, wird auch
unser Leben „einfach". Und doch um so
vieles erfüllter und glücklicher, als wir es
uns in den kühnsten Träumen vorstellen.

Wir waren auf der Suche nach einer
Formel, die uns helfen sollte, ALLES
erfolgreich zu meistern. Einige Fakten,
Gedanken, Puzzle, kannten wir schon,
aber wie passten sie zusammen?
Warum funktionierten sie einmal und 10x
nicht? Wir machten uns auf die Suche.
Lasen uns quer durch die Literatur und
kramten unsere eigenen Notizen hervor.
Parallel begannen wir, die uns bekannten
„Betriebsanleitungen", „Lebensgesetze",
Fakten, im normalen Alltag anzuwenden.
Am Anfang gab es nur kleine Erfolge, die
wir nicht bewusst wiederholen konnten.
Offensichtlich fehlten entscheidende Teile.
Aber wir wollten das fertige Puzzle haben.

Dazu gehört auch die Vorlage, das fertige Endbild vom Ganzen, zum bewussten ständigen Wiederholen. Wir analysierten das Gelesene, Gehörte, experimentierten. **Wir lebten die Fakten,** bei denen wir ein gutes Gefühl hatten. **Das Gefühl war unser Ratgeber.**

Dann war es soweit.
Das Puzzle war fertig.
Wir hatten gefunden, wonach wir jahrelang suchten.
Es funktionierte ALLES
nach dem selben System.
Egal ob es um:
Eine Krisensituation, einen neuen Job, einen Kredit, ein neues Auto, Partnerwahl, einen gestörten Schlafrhythmus, offene Rechnungen, Geschäftstermine, Erfolge im Berufsleben, Lösungen in privaten Dinge, Urlaubspläne, Familienleben, uva. im Leben ging, es funktionierte einfach.
Und diesen Erfolg wünschen wir auch Ihnen für jetzt und alle Zeit. Das Puzzle, welches wir zusammengesetzt haben, ist der Garant dafür. Es enthält die Schlüssel, alle Fakten, die wir dafür brauchen. Wir benötigen dieses Wissen, wenn wir unser Leben bewusst und mit voller Absicht nach unseren Wünschen gestalten wollen.

Bruchstücke dieses Puzzle sind in der gesamten Literatur, in Volksweisheiten, in Zitaten, Sprüchen etc., egal um welches Gebiet es sich dabei handelt, zu finden. Doch niemals das ganze Puzzle in Einem.

Dieses Buch enthüllt DAS Wissen, womit Sie den selben Erfolg immer und immer wieder, wiederholen können. Es macht Schluss mit den Anstrengungen, denen wir uns bis jetzt unterworfen haben, wenn wir etwas verändern oder neu erreichen wollen. Wenn wir unserem Leben einen Neuen Sinn geben wollen, Unbekanntes kennen lernen wollen, eine Kursänderung festlegen, das Jetzt im Griff haben wollen.

Und es hat noch eine tolle Eigenschaft. Diese Ergebnisse sind IMMER schöner, umfangreicher, passender, als die, die wir in Unkenntnis der Dinge, erreichen. Es bedeutet nicht, dass wir unser Leben „umkrempeln" müssen, lernen müssen.

Es genügt, zu trainieren, anders zu denken und bewusst zu fühlen.

Vom Wollen zum bewussten Erschaffen.
ALLES beginnt – Jetzt !

Erkenne Dich

Fünkchen:
Nimm`s leicht, Nimm Dich ins Visier

Gönne Dir ab und an eine Auszeit. Einfach Ruhe im Kopf. Lasse los. Fege ALLES Störende gedanklich vom Tisch. Tue es.
In Dir SELBST findest Du alle Antworten auf Deine Fragen.
Vertraue der Antwort, vertraue Deinem Gefühl. Was sich gut anfühlt, sind Tipps, Hinweise, Ratschläge, Wahrheiten..., aus Dem bewussten Geist. Impulsgedanken.
Die Ergebnisse sprechen die Sprache Deiner Seele. Sie entsprechen Deinen Vorstellungen, Deiner Absicht, Dein Ziel.
Gehe unbeirrt Deinen Weg. Stelle Dir das Glück bildhaft vor, nachdem Du suchst.
Verlass Dich drauf, Du bekommst es.
Vertraue Deiner Intuition. Es funktioniert...
Glaube, Vertrauen, Wissen in Weisheit umwandeln, heißt, bewusst leben.
Sei Dir selbst der beste Freund.

Erkenne Deine schöpferische Seite, übertrage ihr die Führungsrolle.
Was möchtest Du   sein ?
Was möchtest Du   tun ?
Was möchtest Du haben ?

Wenn der Kopf leer ist, kommt das Gefühl zu Wort. Es führt dich nie auf`s Glatteis. Entscheide selbst, ob Du dieser inneren Stimme vertraust. Dann tue das Richtige, grüble nicht nach, folge Deinem Impuls, wenn er sich gut anfühlt, gehe vorwärts.

Vielleicht führt er Dich über einen Umweg nach hause, folge ihm.
Vielleicht führt er Dich zu einer ungewöhnlichen Fernsehsendung, schau sie Dir an.
Vielleicht lässt er Dich Bücher kaufen, bei denen Du die Stirn runzelst, lies sie.

Ich könnte ein ganzes Buch darüber schreiben, nach dem Motto, jetzt wundere ick mir über jar nischt mehr. Folge ehrlich Deinen"Gongs" und Du wirst sehen, es fügt sich alles irgendwo, irgendwie und ergibt das Endbild, was Du früher oder später erkennst, verstehst und lebst.

Nimm Dir Zeit, Dich zu ergründen...
Deine Sehnsüchte,
Deine Fähigkeiten,
Deine Ausstrahlung,
Deine Glaubensmuster
Deinen inneren „Schweinehund".
SEI EHRLICH ZU DIR SELBST !

Was sind wir ?
Wir sind ein Teil der **Energie**, die Alles in sich vereint, die Alles ist, aus der ALLES besteht. Wir sind ein großartiges **SELBST**, aus **Körper, Geist und Seele.** Unser individuelles **selbst** ist das **Ego**, von dem wir glauben, das es uns einzig und allein, zu dem macht, was wir sind, ein Mensch, aus Körper und denkendem Verstand (Logik, Ratio). Wir sind weit aus mehr. Wer es glaubt, fühlt es, weiß es, lebt es, erfährt es, ist es. **Probiere es aus.**
Die einzige Möglichkeit, es sich selbst zu bestätigen.

Stellen wir uns die Energie vor, die wir sind, sie geht über unser Körpergefühl hinaus. Unser Körper ist manifestierte Energie und eine sichtbare Begrenzung.
Der Verstand ist manifestierte Energie und erfahrbar über die Gedanken. Er ist die spürbare Grenze, wenn man daneben Gedanken „ohne nachzudenken" zulässt.
In der Ruhe erfährt man den absoluten Geist als ein Gefühl von Kraft, von Weite, einem sehr großartigem Körpergefühl.
Die Seelenenergie ist über das gute Gefühl spürbar, es ist das Werkzeug von unserem **SELBST.** Das sind wir, jeder einzelne, ist das **Energiebündel Mensch.**

Immer in Resonanz mit Allem und Jedem. Immer auf seiner individuellen Frequenz. Immer in Aktion, bewusst und unbewusst im Denken, Fühlen und Handeln. Wir sind intelligentes Bewusstsein, das sich seiner bewusst ist, seiner Macht, seiner Kraft, seiner Funktionsweise, seinem Ursprung. Ein Wissensspeicher, der uns immer zur Verfügung steht, weil wir es SELBST sind. Wenn wir uns auf dieser Lebensfahrbahn bewegen, brauchen wir nicht „mühselig" „nachzudenken", wir haben die richtigen Gedanken, Ideen, handeln stets bewusst, gezielt, punktgenau. Auch unser erlerntes Wissen, unsere Gewohnheiten, unsere erlernten „Bedienungsanleitungen" stehen uns immer zur Verfügung. Alles ist die **Eine Energie. Nennen wir sie ENI.**

Deine Persönlichkeit, Deine Sichtweise, Deine Perspektive, Herkommen, Kultur, Verständnis, Glauben... definiert diese Energie. Ob als - Reine Energie, Essenz, Ursprungsenergie, Gott, Schöpfer, Quelle, Leben, Liebe, ... alles ist **DAS EINE.**

In Wahrheit kann es nicht „erklärt" werden. Wir erfahren, erleben es, jenseits unseres intellektuellen Verstehens, dem Verstand.

Das Leben ist ENI in physischer Manifestation, immer gegenwärtig, ist **ein Prozess. ENI und wir sind EINS.**

Die Energie „Blaues Feld"

Ein Leben aus dem **Verstand,**
ist ein Leben auf dem „blauen Feld".
Unser Ego sieht sich getrennt von ALLEM.
Als Einzelkämpfer, immer im Vergleich,
besser oder schlechter zu sein. Es ist die
individuelle Betrachtung aller Dinge und
die übernommene Gedankenvielfalt des
Kollektivbewusstseins. Unser Ego „Jolli"
spielt in unser aller Leben eine wichtige
Rolle. Scherzhaft gesagt, es funktioniert
nicht ohne es und es geht uns schlecht,
wenn es seine Machtstellung ausspielt.
Es hat die Macht, Gedanken aus ENI zu
blockieren. „Jolli" ist schon ein „Witzbold"!
Er selbst ist die Grenze zum absoluten
Wissen und nur er selbst fragt nach dem
Wissen. Wie? Unser selbst fragt sich
SELBST, ohne es zu wissen. Es fragt,
hinterfragt, stellt in Frage. Genau das ist
der Zündstoff für alles, was wir Wissen~
schaf(en)t nennen. Würden wir auch nur
einen Finger rühren, wenn wir in unserem
bewussten Geist wie in einem offenen
Buch lesen könnten? Nein. Wie **einseitig.**
Die vielen „Warum" Fragen treiben uns an,
Wissen begreifbar zu machen, **sichtbar**
zu **machen,** aus dem bewussten Geist ins
„Verstehen des Verstandes" zu **schaffen.**

Unser Bewusstsein erweitern, besser, Bewusstheit trainieren, um zu verstehen, um anzuwenden, um einfach zu wissen, das es so ist, wie es ist. Lässt uns der Verstand es zu, locker, offen, herzlich damit umzugehen, öffnet sich automatisch die Grenze, er bekommt Antworten, kann sie leben und erfährt, alles ist in Ordnung. Er muss die Dinge sehen, damit er ihnen trauen kann. Lass ihn Dein Vertrauen spüren, sei glühend im Glauben und er geht in Partnerschaft. Zwei Seiten eines Ganzen ergänzen sich, gehen in Balance.

Volksweisheiten, Sprüche,Wortprägungen, enthalten immer Wahrheiten, manchmal versteckt, manchmal klar formuliert.

Was du nicht willst, das man dir tut,
füge keinem Andern zu.
Jeder ist seines Glückes Schmied.
Baue dein Glück nicht auf
des Anderen Leid.
Alles kehrt zu einem selbst zurück.

Diese Lebensweisheiten (Wahrheiten) beinhalten alles, was wir in diesem Buch beleuchten. Was unser Leben ausmacht.
Resonanz Gesetz und
Alles ist Eins – ENI.

Handeln wir immer danach?
Unsere Denkmuster, die Glaubenssätze, Überzeugungen, Sichtweisen, Prinzipien, bestimmen unser Handeln, das Verhalten.
Jeder glaubt bei allem, was er tut, richtig zu handeln.
Jeder ist aufgrund seiner Wertvorstellung mit seinem Handeln einverstanden.
Niemand tut im Kontext seiner eigenen Weltsicht etwas Unpassendes.
Verhalten schafft (Lebens) - Erfahrung.
Unser aller Zukunft hängt davon ab, was wir denken, (über sich, über uns), wie wir uns dabei im Moment fühlen.

Ändern wir unser Denken, ändern wir das Verhalten, erfahren eine andere Realität.
Es ist unmöglich ein Opfer der Umstände zu sein, die wir selbst erschaffen haben.
Ob es die eigenen Gedanken sind oder die aus dem Kollektivbewusstsein, spielt dabei keine Rolle. Es bedeutet nicht, wenn 99 „Längs" denken, liegt 1 „Quer"-Denker" falsch. Vielleicht hat gerade er den Sachverhalt hinterfragt, die Quelle infrage gestellt, neues Gedankengut „entdeckt", intuitiv zugelassen, es gefühlt, danach gelebt und dem Verstand die Ergebnisse als Bestätigung präsentiert.
Warum denn nicht? Einfach ausprobieren!

Die Energie „Rotes Feld"

Ein Leben aus dem bewussten Geist, dem wahren Wissen, ist **leben** aus der Intuition, **aus dem guten Gefühl**, dem Glauben, Vertrauen, Liebe, Geduld...aus der Balance, aus **dem Sicherheitsgefühl.** Ein Gefühl der Kraft, der Stärke, einer Macht, einer Gewissheit (wissen), die gedanklichen Schleusen ins blaue Feld sind dicht, der Erfolg ist unabänderlich, Wunsch und Erfüllung sind im Einklang. Keine Gefühlsschwankungen. Klare Gedanken. Diese Autobahn hat viele Wegweiser. Die Entscheidung aus dem guten Gefühl, unserem **„Seelendenken"**, zu agieren, ist der **Wichtigste Fakt.** Wir analysieren nicht, wir leben es.

Die Energiefelder „Blau und rot"
sind eine gewählte **Orientierungshilfe.**
Das blaue Feld entwickelt sich im laufe unseres Lebens. Es ist die Persönlichkeit, unser Ego, unsere Einzigartigkeit in Menschengestalt. Enthalten sind unsere Erfahrungen, unser angeeignetes Wissen, erlernte Bewegungsabläufe..., Alles, was wir zur Orientierung im Alltag brauchen, es nutzen. Im reinen „Verstandesdenken" achten wir nicht auf unser Gefühl.

Das Ego kann es total ausblenden. In dem Moment, wo wir die Intuition bewusst einschalten, öffnet sich die Grenze zur Bewusstheit. Jetzt fließen uns Gedanken, Ideen aus dem roten Feld zu. Wir haben die Grenze blau/rot verändert... wir sagen, sich bewusst werden, sich bewusst sein. Bewusstseinserweiterung, Bewusstseinsveränderung, Dies geschieht ständig.
Gedanken & Gefühle sind eine Einheit.

„Entweder sehen wir Rot oder erleben unser Blaues Wunder" – beides gehört zum Leben, beides leben wir ständig. Scherzhaft, im blauen Feld packt uns die Angst, immer kurz vor Ultimo zu stehen, im roten Feld wissen wir, kurz vor Ultimo klopft die Lösung an die Tür. Das Einzige, was wir tun, ist „Jolli" beruhigen. ENI hat das Wort und wir haben die Geduld.

Im blauen Feld leben wir in Resonanz, im roten Feld leben wir in Balance, in Harmonie mit uns selbst und der Welt.

Unbewusst leben wir eine Mixtur dieser beiden Energie, bewusst haben wir die Wahl, aus dem roten Feld zu spielen.

DIE GEDANKEN

Gedanken sind die Bausteine unserer Realität. Sie finden sich in unseren Worten und in unseren Handlungen wieder. Alles Leben hat seinen Ursprung im Gedanken, im Geist. Jede Wahl für einen Gedanken, für ein gesprochenes Wort, für eine Handlung ist eine Entscheidung zwischen „rot und blau" (Energiebündel Mensch). **Gute Gedanken** heißt, **dabei fühle ich** mich **gut**. Diese Gedanken sind intuitiv, ohne zu grübeln, ohne im Verstand bing-bong zu spielen. **Gedanken** formen sich aus der **Ursprungsenergie. Sie leben**, wir hören sie, sie begleiten uns, sind ein Teil von uns, sind immer vorhanden. Wir entscheiden ständig, sie zu „denken", sie zuzulassen, sie bewusst zu formulieren, danach zu handeln. Energie bewegt sich schneller, als wir denken können. Leben wir unbewusst, fehlt uns die Kontrolle über unser „Denken". Wir achten nicht auf das Signal „Gefühl". Wir „Wachen" erst auf, wenn sich das Leben nicht entsprechend unseren Vorstellungen gestaltet. Wir sind enttäuscht, es beginnt die Fehlersuche, Schuldzuweisung, Angst, Verzweiflung... Wir erzeugen einen Gefühlszustand, der dem Misslingen noch die Krone aufsetzt.

„Ein Unglück kommt selten allein".

ALLES hat zwei Seiten, zwei Aspekte, zwei Richtungen, Gedanken, Rot & blau. „Was für ein gigantischer Gedanke", „was für eine geniale Idee",...sagen wir aus einem überwältigen Gefühl über einen Geistesblitz. Neues Gedankengut kommt aus dem grenzenlosen Bewusstsein, dem wahren Wissen. Wir erfinden nicht neu, wir zapfen Vorhandenes an, wir erinnern uns. Wir lassen neues Gedankengut zu. Verschieben die Grenze des Verstandes zu unseren Gunsten, dem wahren Sein. Unser Verstand formuliert nur in seinen eigenen Grenzen. Er nutzt angeeignetes Wissen, den eigenen Erfahrungsschatz. **Neue Gedanken**, **neue Erfahrungen.** Das **Gefühl ist** das **Navigationssystem** auf unserem Lebensweg. Jeder Gedanke trägt die Kraft der Manifestation in sich. Entscheide, welchen Gedanken gibst Du freie Fahrt. Gedanken beherrschen und sie lenken, ist reine Trainingssache. Wir empfinden die Wahrheit, körperlich. Es ist das Sicherheitsgefühl, ein gutes Gefühl, alles ist in Ordnung, jetzt und in jedem Moment. Alles **Leben** ist eine **intelligente Kraft**, ist Energie, der Stoff aus dem wir sind und aus dem wir ALLES erschaffen.

DAS GEFÜHL

„Was für ein herrliches Gefühl !"- wenn wir DAS verkünden, haben wir in diesem Moment keinen einzigen Gedanken an Irgendetwas. Wir fühlen uns vollkommen. Und genau diesem Gefühl laufen wir ständig „hinterher". Dieses gute Gefühl können wir nur Selbst produzieren. Wie? Glücklich sein, friedlich sein, freudig sein, verliebt sein, traurig sein... sind geistige Zustände. Wir nehmen sie über unseren Körper wahr und geben diesem Zustand einen Namen. Wir drücken aus, was wir gerade empfinden. **Ich bin...ich fühle...** Wir tun es ständig, laut oder in Gedanken. Wir leben und **Leben ist Schwingung.** Wir sehen die „Körpersprache", das Tun und spüren die Ausstrahlung, die Aura. Welch Irrtum, zu sagen, lass die Gefühle außen vor...oder keine Zeit für Gefühle... oder ich fühle nichts...Das gibt es nicht. Gefühle sind die Sprache unserer Seele. Sind Ursprungsenergie. Das Gefühl ist die stärkste Kraft, die unser Leben bestimmt. Vertraue dir selbst, heißt, vertraue deinem Gefühl. Es führt uns niemals in die Irre. Ich kann nur Glück empfinden, wenn ich glücklich bin. **ICH BIN im** Glücklich **SEIN.** Das trifft ohne Ausnahme auf ALLES zu.

Wir empfinden Etwas, in dem Moment, wo der Gedanke sich körperlich manifestiert, wo der Körper auf die Gedanken reagiert.

Einen geistigen Zustand erfahren wir über unseren Körper, sind es selbst.

Und dieses Gefühl ist die Plattform für unser Handeln. Ob ich es glaube oder nicht, spielt keine Rolle. Ich handle immer aus dem momentanen Gefühl heraus, fragt sich nur, wessen „Kind" es ist...

Verstand oder Intuition? Ego oder Seele.

Ich habe ein gutes Gefühl...sagt uns, o.k.

Wir leben nach dem Resonanz Gesetz.

Wir ziehen die Dinge in unser Leben, in denen wir gefühlsmäßig bereits mittendrin sitzen, es genau so fühlen.

Wir erschaffen uns Das erfolgreiche erfüllte Leben, wenn wir in Gedanken, in Bildern, bereits darin schwimmen, und zwar in bester Hochstimmung. In diesem Zustand überrollen uns die kreativen Ideen, treffender gesagt, sie überlagern die Engstirnigkeit unseres begrenzten Verstandes. Wir finden Lösungen, von denen wir begeistert sind. Wir fühlen uns so sicher, dass jedes Ergebnis wie die Faust aufs Auge passt. Alles **Wunderbar.**

Geduld heißt das Zauberwort, Vertrauen ist Chefsache, nämlich die eigene, jeder ist der Chef in seinem eigenen Leben.

Alles geht von einem Selbst aus.
Diese starke Energie, Gefühl, führt uns.
Wissen, glauben, fühlen, sind eine Einheit.
Leichtigkeit beflügelt, gute Gefühle heben uns sprichwörtlich in den Himmel. Alles, was wir aus diesem Zustand heraus tun, ist immer ein Gewinn, für ALLE, für Jeden.
Ist es zu simpel, zu einfach? Glaubhaft?
Es ist so einfach. Es ist genau so möglich.
Es bedarf nur Eines, trainieren, anders zu denken, anders (sich) zu fühlen (nämlich gut) und intuitiv danach zu handeln. Ein gutes Gefühl ist ein beruhigendes Gefühl.
Wir sagen, da fühle ich mich wohl. Ruhe, Zufriedenheit, Harmonie. Ein schlechtes Gefühl ist ein beunruhigendes Gefühl. Wir sagen, das macht mir Angst und Bange...
wir fühlen „Unruhe", ein „Nervenbündel".
Wir sprechen von unserem Lebensgefühl.
Genau Das ist es, **wir fühlen das Leben.**
Wir sind es selbst, Leben in Resonanz.

Probiere es aus.
Mit Spaß, Freude, Neugierde, Tatendrang.
Eben Lust auf Leben, einfach wohl fühlen.
Das **Lebensgefühl** bestimmt den Erfolg.
Es **geht in Resonanz** mit der Energie.
Es reduziert sich auf zwei Grundgefühle
Angst oder **Liebe**. „**Tod oder Leben**".

Körper – Geist – Seele

Der Körper ist das „Vehikel", was uns die Erfahrung der Gedanken erst ermöglicht. Unsere Sinnesorgane vermitteln uns als Empfangs–und Sendestationen die Reize. Der Verstand drückt dem Ganzen seinen Stempel auf, legt alles in die vorgesehene Schublade ab. Bewusst leben, heißt, das Ergebnis als Erfahrung mit allen Sinnen fühlen, wissen, das es so ist, wie es ist, wie wir es in dem Jetzt - Moment erfahren. **Der Körper** ist unser **Aushängeschild** für all unsere **Gedanken & Gefühle.** Es geht im Leben immer um diese Einheit.

Geist = Gedanke
Seele = Gefühl
Körper = Handlung

Der Körper folgt unserer Geisteshaltung. **Wir selbst bestimmen** wie es ihm (uns selbst) geht, **wie wir uns fühlen.** Alle Dinge, die wir für unseren Körper nutzen, medizinisch, kosmetisch, sportlich, geistig, lebensnotwendig...), finden ihre positive Bestimmung nur in Verbindung mit einem wachen Geist. „Gesundheit kommt von innen", sagen wir. Gute Gedanken sind die Basis, geistiges Werkzeug, für Alles, was wir mit und für den Körper „anstellen".

Er ist gut drauf, bei guter Pflege, äußerlich und innerlich. Er hält `ne Menge „Unfug" aus. Gute Gedankenarbeit dankt er uns. Er ist fit, reagiert „eigenständig" auf die Kommandozentrale Geist, ist ihr Diener. Immer in „Hab acht" danach zu handeln. Negatives Gedankengut manifestiert sich im Körper als Abweichung vom gesunden, normalen Zustand, der Ursprungsenergie, unsere wahre Körper eigene Frequenz. Wir fühlen uns krank, Krankheit im Körper. Er ist Handlungsträger, ist verkörpertes Gedankengut. Es liegt auf der Hand,... fehlt ihm die Liebe, Streicheleinheiten für das selbst, verzehrt er sich danach. Diese Leere frisst ihn auf, ein körperlicher Zerfall ausgelöst durch geistigen Morast. Ohne Gefühl sind wir auf Dauer außer Gefecht. Drängen uns in ein geistiges Abseits. Das Ego blockiert erst Rot und schafft es am Ende auch Blau, sich selbst, zu verwirren. Gefangen im geistigen „Wirr-war", findet es keinen Ausweg, ist handlungsunfähig. Nur wer es erkennt, die Richtung bewusst ändern kann, stoppt diesen Prozess. Wer bereit ist seinen Verstand der Liebe unter zu ordnen, lebt in geistiger Fülle, in ENI. **Wir erleben, was wir bereit sind,** vor der materiellen Erfahrung, bereits geistig zu „erfühlen", diesem Wissen **zu glauben.**

Fünkchen:

Betrachtungen zum Leben

Das Leben selbst schreibt all die bunten Geschichten, in denen wir uns erkennen, uns wiederfinden, Erfahrungen sammeln. Wir sind es gewohnt, alles zu bewerten, zu beurteilen. Wir bejahen, verneinen, belächeln, verwerfen. Jeder vergleicht gern alles mit seinem eigenen Leben. „Kennst Du die verrückten Geschichten?" Sie sind Alltag. Ein großes Schauspiel, Leben genannt. Unser liebstes Spielzeug hier auf Erden. Wir inszenieren es, spielen selbst mit, sitzen gleichzeitig im Publikum. Klasse! Applaus! Wir sind eine tolle Crew. Ein eingespieltes Team. Es ist uns wichtig, sicher alles aufschreiben, gut archivieren und möglichst wiederholen. Ständig lebt die Vergangenheit in der Gegenwart und bestimmt die Zukunft. Das nächste Stück.

Wie heißt es so schön, endlich ist Gras über eine Sache gewachsen, kommt so`n Kamel und frisst es ab. Angenehme Dinge sollen lebendig bleiben, im Geiste ruhig weiterleben, je reifer, je schöner. Sie sind ein wertvoller Schatz an Erinnerungen.

Weniger Schöne werden nicht besser, je öfter man sie betrachtet, sie wieder spielt.

Man hat nur eine Chance, sie annehmen, mit einer Schleife verziert in die Ablage legen. Mach es einfach! Es bleibt Deine ganz persönliche Gedankenschleife. Du lebst immer nur im Augenblick, jetzt in diesem Moment. Jetzt atmest Du, jetzt siehst Du Dein Umfeld, jetzt kannst Du das genießen, was Du gerade tust. Jetzt kannst Du völlig Gedanken frei sein.

„Spürst du Dich? Wie fühlst Du Dich?" Du bist DU. Nichts kann Dich aus der Ruhe bringen. Dein Leben, die gefühlte Zeit, ist die Aneinanderreihung von Augenblicken, ein fortlaufendes Jetzt. Lebe es bewusst! Genieße es, fühle Dich wohl. Bleib dabei.

Du spürst, langsam löst sich Deine innere Ruhe auf. Deine Gedanken haben sich wieder verselbständigt. Sie spazieren entweder in der Vergangenheit herum, Schauspiel gucken oder sehen fern. Vielleicht schreiben sie gerade ein neues Drehbuch? Gedanken haben die Macht, laufen zu lernen und kommen sichtbar in Dein Leben spaziert. Du musst Dir nur alles bildhaft vorstellen, gute Dialoge schreiben, emotional aufladen und deine Ideen lieben, damit sie auf blühen können. Rums, dann iss es soweit, eines Tages steht alles genau so vor Deiner Tür. Alle Deine Bilder sind zur Realität geworden.

Verlass dich drauf, du erlebst es, genau so funktioniert` s, immer, immer wieder.

Drum, mach Dir` nen Lebensplan. Denk ab sofort nur noch das, was Du haben willst. Vorsicht bei den Rückkopplungen zur Vergangenheit! Peng, da hast Du sie, Wiederholungen des eigenen Spielfilms.

Trau Dich, außergewöhnliche Drehbücher zu schreiben. Gestalte Dir neue Rollen, facettenreich. Spaß mit Herz. Setze Dir keine Grenzen! „Was bist Du Dir wert?"

Sei mutig, auch völlig unbekannte Dinge einzubringen. Alles hat ein Erstessmal.

Auch Du kannst ein Columbus sein! Drücke auf den Knopf, hauche Deinem Drehbuch Leben ein. Vertone es und freue dich aufs Happyend. Du bist alles einem.

Autor, Regisseur und Hauptdarsteller.

Gib allen Anderen in Deinem tollen Buch eine Gewinner-Rolle. Es wird großartig, es macht Schule. Gutes spricht sich schnell herum und andere eifern Dir nach.

„Bambies" werden am laufenden Band vergeben. Lasst uns ruhig „Wünsch-Dir-was" spielen. Jeder sehnt sich nach einem erfüllten glücklichen Leben. Spinnen wir das Drehbuch weiter. Was wäre wenn...?!

„Hätte irgendwer, irgendetwas gegen ein Happyend einzuwenden? Sind Bedenken, dass so ein Leben dann langweilig wäre?"

Oh, nein, das Spielfeld der unbegrenzten Möglichkeiten hat die Pforte weit geöffnet. „Denkst` es, **fühlst` es, bist` es**, sagst` es, tust` es, **hast` es**. Lebe danach. Gib den störenden Gedanken Flügel, lass sie in Frieden los. Produziere Dir neue, gute, herzliche Gedanken und schicke sie in die Welt hinaus. Mit einem lachenden Gesicht erwartest Du sie zurück. Zu 100% erfüllt. **DU bist der Schöpfer Deines Lebens.** Ziehe alle Register Deines Könnens. Du hast jetzt die 50:50 Chance. Annehmen oder ablehnen. Was reizt Dich, spricht dafür, was dagegen? Frag Deinen Bauch! Auf ihn ist Verlass. Schmetterlinge im Bauch, alles paletti. Lass Dein Neues Bewusstsein ans Licht. Danke der Raupe in Dir, für die wunderbare Verwandlung. Sieh Dich im neuen Glanz. Fühle Dich so.
Fünkchen:
Du bist ein denkender, fühlender Mensch.
Du bist ein handelnder Mensch.
Du bist weise, im wachen offenen Geist.

Erfühle selbst in Allem, ob gesagt, gehört,

gelesen, Deinen Wahrheitsgehalt für Dich.

Deine Wahrheiten bestimmen Dein Leben.

„Meister fallen nicht vom Himmel."
Sie erschaffen sich selbst.

Ernst beiseite, Spaß muss (r)sein

Fünkchen:
DU SELBST und DEIN EGO
- Mensch ärgere dich nicht -

Was denkst Du lieber Mensch, wo Dein Ego sich befindet ? Glaubst Du, es hängt im Schrank und grüßt dich morgens freundlich ? Oh nein, Du trägst es täglich mit Dir spazieren. Deine süße Last geht mit dir durch dick und dünn. Wusstest Du, dass ein Ego ein vorzüglicher Blender ist, dass es lachen und weinen gleichzeitig kann und dass es dich vorn streichelt und hinten tritt. Dein Ego ist wie alle, keines ist besser oder schlechter. Sie sind, wie sie sind. In aller Ego Pracht bist Du auch noch stolz auf dieses Exemplar.

Ein Ego liebt es, hofiert zu werden, es möchte glänzen, gelobt werden und es duldet keinen Nebenbuhler, kein anderes glanzvolles Stück an seiner Seite. Dieses wird einfach platt gemacht, in Wort und Tat. Voller Schadenfreude wünscht es alles Gute. Ein Schelm, der…dabei denkt.

Das Ego ist ein Teil der Energie, die sich im Verstand eingenistet hat, ständig neue Eier ausbrütet, über ungelegte diskutiert, spekuliert, verwirft, lacht und letztendlich wie ein Pfau sich auf bläht, weil die Eier nicht seinen Vorstellungen entsprechen. Ego „Jolli" lebt mit Dir, es ernährt sich von deinem Ärger, deinem Neid, deiner Wut, deinem Stress. Es ist regelrecht gierig auf negative Gefühle und freut sich, wenn es dir wiederholt einen "Spleen" in den Kopf gesetzt hat, den Du dann mit aller Macht durchsetzen willst. Zwang des Handelns. Es ist ein „Ekelpaket", höchster Güte...

Hören wir zu, was es über sich selbst sagt...

Interview mit Ego „Jolli"

Grüß dich Jolli, ich bin das Gefühl.
Ich habe Lust auf einen Plausch mit dir.
Lass uns beide besser kennen lernen.
Schließlich wohnen wir im gleichen Haus.

Du schürst die Glut der Gedanken.
Du verstehst es, ständig Öl ins Feuer zu gießen, um es am Brennen zu halten.
Du bist ein Tausendsasa!
Für die Löscharbeiten bin ich dann zuständig, nicht wahr?

Jolli, wo wohnst du genau?

Im Verstand jedes Menschen, ohne
Ausnahme.

Wie kommst du dahin?

Ich wurde erschaffen, genau wie du.

Wie machst du dich bemerkbar?

Ich rede den ganzen Tag drauflos.

Aha, interessant. Ich bin die innere
Stimme und mich hört der Mensch nur,
wenn du schweigst.

Klarer Fall, ich schweige nicht einfach so.

Wie stehst du zu dem Menschen,
in dessen Verstand du wohnst?

Ich habe ihn vereinnahmt.
Er denkt, er selbst ist die Stimme.

Ist das nicht anmaßend von dir?

Nein. Was er nicht weiß, macht ihn nicht
heiß. Von dir hat er ja auch keine Ahnung.

Woher willst du das wissen?

Weil ich seine, meine, Gedanken kenne.

Ja, du kennst sie, sie sind dein Spielzeug.
Zum Glück fließen sie alle an mir vorbei.
Mich kann er fühlen. Sein Bauch, sein
Herz, seine Intuition, alles das, bin ich.

Wie stehst du zum Thema Verantwortung?

Ein weites Feld. Ich denke mir all die
Streiche aus. Spiele gern mit anderen
Ego`s. Und Einer findet sich immer, der`s
auf seine Kappe nimmt. Ehrensache.

Was ist wichtig für dich?
Ich bin mir wichtig. Ich finde meine
Bestätigung in dem Erlebten.
Im Riesenspektakel menschliches Leben
mischen wir kräftig mit.
Trifft das auf alle von euch zu?
Natürlich! Jedes ist mit der gesamten
Bandbreite ausgerüstet. Wir tauschen
uns untereinander aus. Jedes lebt nach
seinem Plan, hat seine eigene Geschichte
Nenne mir dein wichtigstes Anliegen.
Das allerwichtigste ist, auf Teufel komm
raus, zu spielen, es ist uns egal, was
passiert. Die Erfahrungen zählen.
Legst du damit die Karten auf den Tisch?
Ungern. Die anderen Ego`s werden
toben. Wir lassen uns nicht gern in die
Karten schauen, damit es spannend bleibt
Warum?
Es geht auch um unsere Machtstellung.
Wieso?
Wir wollen alles Leben bestimmen. Immer
Dirigent sein. Das letzte Wort haben.

Was meinst du, wollen wir es treffender
gemeinsam formulieren, genauer sagen?
Wir leben zusammen in einem Feld der
Gegensätze. Im Gedanken „weiß", liegt
der Gedanke „schwarz". Im Gedanken
„still", liegt der Gedanke laut, usw...

Wenn unser Wirt „in Gedanken ist", er einen von beiden denkt, ausspricht, ist der andere immer mit gegenwärtig. Einer von beiden ist immer der Hintergedanke. Hört er auf mich, trifft er im entscheidenden Moment gefühlsmäßig die richtige Wahl.

Logisch, dass wir, das Ego – Verstandesdenken, unseren Part verwirklichen wollen. Wir sind Teil der Ursprungsenergie und haben die gleiche Macht zu erschaffen. Auch wir haben Gedanken, die mit einem guten Gefühl einhergehen. Beide Gedankenaspekte und demzufolge auch beide Gefühle sind synchron. Es setzt sich der Gedanke durch, der das stärkste Gefühl hat. Du kannst 10x sagen, alles ist in Ordnung, wenn du an eine tolle Reise denkst. Ist der Hintergedanke, es nicht zu wagen, gefühlsmäßig stärker , dann geht ENI mit Dingen in Resonanz, die eine Reise verhindern. Logo. Und ich, lieber Wirt, in dessen Haus ich wohne, bin es gewohnt, zu zweifeln. Ich lebe von Erfahrungen, von negativen Erinnerungen, drücke den positiven den Stempel – Zufall – auf. Du vertraust mir blind... wie das Wort sagt, siehst noch nicht die Wahrheit, die hinter mir steckt, ich bin der Wächter, der Hüter, (verhüten), weil es mein Part im Spiel ist.

Wie entstehen all die „Bedeutungen"?

Alles, was ist; alles, was geschieht; eben ALLES, bekommt einen Namen. Darin liegt die Bedeutung, ein Sinn und wenn du willst, auch der Unsinn. Alles fließt ständig ins Kollektivbewusstsein. Wir Egos haben zu Allem eine Meinung, stehen nicht gern im Abseits, zusammenleben, heißt auch für uns, Glaubensmuster, Gewohnheiten, Denkmuster u.v.m., einfach annehmen, ohne immer den Wahrheitsgehalt genau *wissen zu wollen und wieder weitergeben.* Warum?

Wir sind die Kehrseite der Medaille...

Stimmt. Ich hänge natürlich in dieser Spielgemeinschaft voll drin. Bedeutungen sind Teamarbeit. Der wahre Sinn, echte Handlungsabsicht, ist immer enthalten, die kommt von mir, du setzt deines dagegen.

Sind Wortspiele in deinen Augen Zündstoff für Machtspiele? Worte bestimmen Alles.

Ja, das trifft es. Es geht um Kontrolle, um Machtstellung, Rangordnung, um siegen oder verlieren. Worte sind Pfeile, treffen ins „Schwarze" oder ins Herz, wenn du der Bogenschütze bist. Unser geistiges Werkzeug. Verpackt in allen Denk - und Glaubensmustern, manifestierte Regeln. Das beliebteste Materielle, ist das Geld.

Danke Jolli.
Hier kann jeder selbst anknüpfen.
Wichtig, dass wir unser doppeltes
Lottchen entdecken, Verstand und
Gefühl. Der Verstand, um die
Orientierung auf Erden zu behalten.
Das gute Gefühl für die Richtung.

Wollen wir das Thema wechseln?
Nein, ich rede schon gern über mich.
Gut, dann erzähle. Was macht dir Spaß?
Wenn ich überall mitmischen kann,
inkognito sozusagen...
Wie meinst du das ?
Ich ordne die Dinge, bewerte, urteile, will
Recht haben. Das machen wir Alle so.
Wer legt die Grenzen fest, im Kopf?
Ich selbst oder das Nachbarego.
Geht es auch ohne zu be-,ver-,urteilen?
Wäre beobachten, beschreiben auch ok?
Nein! Als „Einzelkämpfer" reizt uns der
Vergleich. Die Macht der Überlegenheit
spüren, die Macht über... „Hinz und Kunz".
Ich sehe alles im Ganzen. Es ist, wie es
ist , vollkommen.Übrigens wir beide sind
auch ein vollkommenes Ganzes.Schau
mit durch meine Augen und habe Spaß.

Wie hältst du es mit der Ehrlichkeit?
Ich bin auf meine Art ehrlich.

Wie ist deine Art?

Ich bestimme selbst, was ehrlich ist. Das machen alle so. Ein wirklich intelligentes Spiel. Das erfordert Konzentration, damit der Schuss das Ziel auch trifft.

Ego, du meinst nicht nach hinten losgeht. Und in der Wahrheit landet, aus die Maus. Kannst du nein sagen, wenn dir nach einem Nein ist?

Wir Ego`s sagen nicht so schnell Nein. Das klingt so endgültig, so nach ... ich habe entschieden. Oh, wir haben es mit Vielleicht, Ja aber, Möglicherweise, wir überlegen es uns, das liegt uns mehr.

Was hältst du von Ausreden?

Witzig. Wir sind Meister im Ausreden basteln. Alle kennen und benutzen sie. Wir haben sie ja alle selbst erfunden.

Was passiert mit dir, wenn dein Wirt verliebt ist?

Hör mir auf. Da habe ich alle Hände voll zu tun. Er schwebt, lässt Gefühle zu, hat Schmetterlinge im Bauch, sein Herz klopft. Das hat er wohl alles dir zu verdanken? Dumm gelaufen für mich.

Ja, liebes Ego. Der Mensch würde gern dem Gefühl der Liebe vertrauen. Doch du schaffst es, ihn Stück für Stück da raus zu holen. Möchtest du darüber plaudern?

Ja, ich spinne meine Gedanken und er greift sie auf. Alle Angst - Gefühle sind ideale Brutstätten. Manchmal gelingt es uns nicht.Glück für ihn, Pech für mich.

Jolli, die Lösung ist sehr einfach. Der Mensch sucht die ehrliche Liebe um jeden Preis. Es ist sein Naturell – sein Ursprung. Verliert er sie durch dich, sucht er wieder neu. Er lebt durch sie und für sie.

Wir möchten noch mehr von dir erfahren. Du bist ein Genie im Formulieren. Für mich muss alles einfach sein. Du sprichst großartige Worte gelassen aus. Hut ab, wie du es verstehst, alle blanken Fakten aus zu schmücken. Du kannst sie so verstricken, dass das Grundmuster den meisten von Euch oft verborgen bleibt. Was sagst du dazu?
Ja, das kann jeder von uns. Wir wollen ernst genommen werden. Je weniger ein anderes Ego versteht, je beneidenswerter schaut man auf es. Kompliziert ist in.
Verstehst du wenigstens immer, was du sagst, hervorragend formulierst?
Das ist nicht notwendig. Ego`s lieben das Spiel mit Worten. Es fasziniert uns. Wir wissen doch, Worte sind eine Macht.
Gib uns eine Kostprobe deines Könnens.

Du hast das Wort.

Dann lege ich das Einfache mal beiseite, wozu habe ich in mühevoller Kleinarbeit komplizierte Denkweisen mir zu eigen gemacht. Aus der Mücke einen Elefanten konstruieren, das ist mein Ding. Ich bin es gewohnt, zu glänzen. Hier ist ein Beispiel meiner vorzüglichen Ausdrucksweise:"

„Das Zusammenleben der Menschen gestaltet sich oftmals sehr schwierig und außergewöhnlich kompliziert, da jeder die Verhaltensweisen des anderen studiert, um im richtigen Moment, ach was sage ich, um in ständiger Präsenz, auf jede Frage die passende Antwort zu finden und natürlich, jeder will Recht haben und beurteilt den anderen auf seine Weise, denkt sich ständig neue Angriffspunkte aus und es endet somit jedes mal in einem traurigem Dilemma von Streitigkeiten, wo sich jeder als Opfer fühlt, darauf wartet, das nächste Mal Sieger zu sein, doch im Moment treibt ihn die Wut in den Angriff und...

Abpfiff, liebes Ego. Ich würde es so sagen: „Das Zusammenleben der Menschen ist friedlich, solange du nicht deine Finger im Spiel hast." Trifft wohl nicht ganz deinen Geschmack? Oder? Geht doch auch so.

*Nein, das ist zu eindeutig. Wo bleiben die
Dramen, der ganze Klamauk drumherum?*

Was hältst du von Geduld ?
*Nichts.Die Ungeduld ist mein Thema.Sie
wächst aus der Angst .Hat sich der
Mensch in Problemen verfangen, ist er
krampfhaft auf der Suche nach Lösungen,
er gerät ins unkontrollierte Tun, will sein
Gewissen beruhigend und hat sich von dir
weit entfernt. Nichts klappt mehr und ich
reibe mir die Hände. Schadenfreude ist
meine Freude.*
Ja, die Geduld beruht auf Vertrauen und
Glauben. In der Ruhe liegt die Kraft. Alles
macht Sinn, hat seinen Sinn, auch die
vermeintliche Autopanne. Wer vertraut,
im guten Gefühl handelt, hat nie einen
Fehlschuss. Er trifft eben nur daneben.

Jolli, ich weiß, die Vergangenheit gibt
dir deine Existenzbestätigung. Warum
lässt du sie immer wieder aufleben ?
*Das ist ein Automatismus. Wir alle sind
Fan` s der Vergangenheit. Sie ist wie
ein Wannenbad, zum aalen, planschen,
untertauchen, Luft holen, Kraft tanken.*

Erzähle uns bitte die Wirkungsweise an
einem kleinen einfach gestrickten Beispiel.

Gut, ein ganz simples Spiel.
Onkel Paul`s Treppensturz
Paul stolperte die Treppe runter und ich
lass ihn folgendes sagen: „Dusslige
Treppe, falsche Bauweise, viel zu lange
Hosenbeine, keiner macht mir Licht."
Wut kommt in ihm auf , ich Ego grinse und
dann darf er jammern: „Ach ist das traurig,
tut mir mein Bein weh, ne, womit habe ich
das verdient?"Ein gelungenes Schauspiel.
Alle fühlen sich elend. Ganz in meinem
Sinne. Nun kommst, jedes mal, wenn Paul
die Treppe sieht, wird die Vergangenheit
zur Gegenwart. Programm Treppensturz,
Klappe die Erste bis anno Nase voll. Ich
ernähre mich von dieser Energie. Alles
abgeheftet im Ordner Leben, immer dort
griffbereit. Jedes Erlebnis, jede Erfahrung.
Zum Glück auch die vielen Schönen.
Man gönnt sich ja sonst nix!

Jolli, unser Interview neigt sich dem Ende
zu. Danke schön. Hat es dir gefallen?
Ja. Ich konnte meinen Senf loswerden.
Bei dir gab es kein Kontra. Es wehte mir
ein Hauch von Zärtlichkeit entgegen. Fast
wie ein Willkommen Gruß.
Es ist ein „Herzlich willkommen". Wir sind
ein tolles Team. Ich sitze am Steuer und
du bist ein aufmerksamer Beifahrer.

Formalitäten erledigst du. Gelernt ist gelernt. Ich lebe im Augenblick des Geschehens und in dem läuft alles wie geschmiert. Wir haben Dich zum Leben erweckt. Erhalten Dich am Leben, sind stolz auf deine Gedankenvielfalt.

Du machst deinem Wirt das Leben oft schwer, stößt ihn in Richtungen, in die er nicht gehen will, drängst ihn in Ecken, in denen es ungemütlich ist, trickst ihn aus.

Fünkchen fragt Dich:

Möchtest Du etwas dagegen tun? Sag Ja. Es ist leicht, schön und sehr angenehm. Nimm es in Liebe an. Nimm es gedanklich in deine Arme. Mache Dir ein Bild von ihm, es sieht Dir ähnlich, sehr ähnlich. Kannst Du Dich selbst annehmen, Dich mögen, wie Du bist. Dann kannst du auch dein Ego zähmen, Du wechselst mit ihm den Platz. Jetzt führst Du. Dein Herz sitzt am Steuer, „Jolli" auf dem Beifahrersitz. Du bestimmst die Gedanken, damit Deine Gefühle, damit Dein Handeln. So kommst du ganz einfach ans Ziel Deiner Wünsche. Integriere es, kontrolliere (s)deine Gedanken, lenke ihn auf den Weg Deiner inneren Ruhe, in Deine Ausgeglichenheit.

**Bist Du bereit,
es mit IHM aufzunehmen?**

Bedingungslose Liebe

Die bedingungslose Liebe bringt uns in die Ausgangsbasis, ALLES aus dem roten Feld zu erreichen. Jeder Stolperstein wird zur Plattform unbegrenzten Möglichkeiten. Sie hält uns in der Neutralität zu ALLEM und JEDEM. Ist die Allumfassende Liebe. Sie **schließt alle negativen Gefühle aus.** Ist unser „Reines positives „Liebesgefühl". Keine Erwartungshaltung, keine Kontrolle. Ist leben aus der Ursprungsenergie, der Stoff unserer Existenz, der Stoff, aus dem wir alles „basteln", der wir sind, in unserer Gesamtheit – Körper – Geist – Seele. Aus dem wir uns geistig ernähren, um danach materiell zu empfangen. Diese Ursprungs-Energie, oder Liebes-Energie ist... ohne Wertung. Unser wahres SEIN. SELBST bewusst sein. Liebe empfinden bedingt Liebe geben. In der bewussten Handlung, Liebe zu geben, jemanden dieses Gefühl aussenden, liegt das eigene Empfinden, Liebe zu bekommen... geliebt zu werden, **sich geliebt fühlen.** Das Gefühl erzeugen wir selbst, entscheiden uns bewusst dafür. **Nur wer Liebe gibt (ist), gedanklich und körperlich, kann mit Liebe in Resonanz gehen, sie auf unterschiedlichste Art und Weise empfangen, erfahren, leben.**

Verständnis

Verständnis ist, jemanden ohne Wenn und Aber, sein eigenes Leben leben lassen. Verständnis ist Teil bedingungsloser Liebe. Wir können einander friedlich beobachten, Erfahrungen sammeln, sie beschreiben, neugierig aufeinander sein. Fühlen uns wohl, indem wir ehrlich miteinander reden. Ehrlich ist wahr, geht in Resonanz mit dem guten Gefühl. Basis für erfolgreiche Verständigung. Wenn alle Menschen diesen Weg annehmen und Verständnis füreinander pflegen, was ist dann auf der Welt für eine Balance, eine Harmonie. Verständnis, verständigen, verstehen...
Alle können (wollen) verständnisvoll Sein.
Der Verstand kann nur in seinen Grenzen Verständnis zeigen. Egal, was geschieht, das Ego will „nachdenken", grübelt, wägt in seinen Grenzen ab, genau damit fallen wir aus der Antwort, aus dem Verstehen, heraus. Wir zerschlagen Porzellan, sind volle Kanne auf Resonanz mit negativen Umständen. Wir können um switchen.
Verständnis heißt, liebloses Geschehen „entschärfen", umwandeln, neue Endbilder im guten Gefühl mit neuen Denkmuster erschaffen. Energie transformieren. Damit geben wir Menschen eine wahre Chance.

Es sind die „ungeahnten" Möglichkeiten,
dieses Gedankengut – diese liebevolle
Energie zu empfangen und umzusetzen.
Hört sich „verrückt" an, ist die einzige
Lösung, Gewalt frei miteinander zu leben.
Wir sind EINS und folgen der Resonanz
im Zusammenspiel. **Keiner spielt allein.**

**Lass uns weiter hinter die Kulissen
schauen. Vorn spielt zwar die Musik,
doch dahinter wird dirigiert.**

Fünkchen:

Beschreiben wir es mal so...
Du SELBST genießt cs, Deinen
Lebenszug (Weg)
in ein erfülltes Leben zu steuern.
Am Start sind „nur" Deine Gedanken.
Der Anfang ist Energie.
Das Ende ist Handlung.
Handlung ist erschaffende Energie.
Das Ergebnis ist Leben.
Leben ist Energie in Bewegung.
Wir befinden uns immer in einem Prozess
des „Werden`s". („es wird schon").
Ursache – Wachstum – Wirkung.
Das Lebenspendel zwischen zwei Polen.

Glaube

Wer im Glauben ist und sein Wissen umsetzen möchte, kann alles erschaffen. Glaubst Du, dass Alles möglich ist, glaubst Du, dass Du alles weißt, glaubst du, dass du Alles erreichen kannst ? **Glauben heißt Wissen.** Wahres Wissen fühlt sich gut an. Es sind die Ideen, die Visionen, geistige Bilder, die einfach sind. Du bewegst, Du erlebst, was Du glaubst. Spüre hinein, in diese wunderschönen Spiegelbilder, rieche und schmecke den Inhalt, greife zu, betrachte sie von allen Seiten und lebe in Ihnen. Dann bist du das Bild, bist du der Inhalt, bist die Form, bist alles selbst. Du bist Ursache und Wirkung. Du kannst deiner Fantasie freien Raum lassen. Jedes Bild ist Dein Bild und kann von Dir gelebt werden. Ob Du es glaubst oder nicht, Deine Vorstellungen werden sich im Außen bestätigen. Glaube es.

Mut

Mut ist ganz einfach, sein Leben zu leben. Betrachte Deinen Lebensweg als einen für Dich außergewöhnlichen, einzigartigen Weg. Gehe immer unbeirrt weiter, glaube an Dich und vertraue Deinen Fähigkeiten.

Mut ist die Plattform für Dein Lebenswerk. Nichts und Niemand kann Dich daran hindern, **im guten Gefühl alles** zu **tun,** was Spaß und Freude macht. Sei offen, neugierig, fröhlich, ehrlich, hoffnungsvoll, sei einfach DU selbst. Das ist mutig. Finde Deinen Frieden. Dein Strahlen lockt die Menschen an, Dir nach zu eifern. Du hast Mut, wenn Dein Gefühl, Dein Glauben und Dein Vertrauen, deinem Verstand auf die Schulter klopft und ihn in Sicherheit wiegt, dass sein neues Gedankengut Erfolg und Erfüllung bringen. Für „Jolli" zählt, dass es letztendlich gut funktioniert.Sichtbar wird. Er übernimmt das neue Wissen, macht es zu seinem eigenen und es fließt in den riesigen Schatz an „Altbekannten" Wissen. Das macht Sinn, Mut zu haben und das Leben einfach zu leben. Hut ab, weiter so.

Das könnte klappen...

Fünkchen:
Du willst tatsächlich das tägliche Einerlei etwas aufmischen, eine andere Route ausprobieren, frischen Wind in Deinen Alltag bringen? Ich bin begeistert. Tue es. Was überlegst Du noch? Aha! Ich weiß. Die Nachbarn schauen dich so seltsam an. Kennen Deine alt gewohnten Rituale, die lieben Gewohnheiten, deinen Blick.

Sie haben sich so an Dich gewöhnt. Wussten im Voraus die Antworten, lasen in deinem Gesicht wie in einem offenen Buch. Alles bekannt. Veränderungen sind schon spannend. Für beide Seiten. Jetzt bist Du ihren Fragen ausgesetzt, ratlose Blicke verfolgen dich, fühlst dich ihrem Unverständnis ausgeliefert. Was guckst du? Kommt Dir die Prozedur bekannt vor? Was, auch die Familie, Dein Arbeitskreis, alle schütteln den Kopf mit den Worten: „Du bist nicht wieder zuerkennen. Warum. Wo lebst du? Was machst Du? Höre auf. Wir meinen es doch nur gut mit dir. Bleib, wer du bist!" Ja, das sind wir, mit Leib und Verstand stemmen wir uns gegen Neues. Die Seele schickt uns frischen Wind, setze die Segel, sie lässt dich nicht untergehen.

Fünkchen:
Ja, ja, nimm` s leicht. Du kannst den Kopf in den Sand stecken, Du kannst auch helle sein und auf Dich selbst hören.
Geh Deinen Weg mutig weiter, wenn er DIR gut tut, tut er am Ende auch vielen Anderen gut. Sie wissen nur noch nicht.
Wer nach außen schwankt, findet auch im Innern keine Ruhe. Deshalb, **bleibe Dir selbst treu**, tu`s in aller Freundschaft mit Allem und Jedem. Probier es einfach aus.

Vertrauen

Vertrauen ist gut, Kontrolle ist besser, meinst Du ? Vertrauen, **erwacht** immer **aus Dir selbst.** Wer außer Dir, könnte so entscheiden, Dich bestärken, etwas ganz Bestimmtes zu denken, zu fühlen, zu tun? Vertrauen heißt, allen Dingen mit offenen Geist gegenüberstehen. Nichts, rein gar nichts, tritt ohne Ursache in Dein Leben. Jede Ursache setzt du selbst. Lebe ohne Zweifel aus der bedingungslosen Liebe, dann entfällt alles kontrollieren. Du weißt, Du erlebst nur die Dinge, die Du bewusst gestaltest. Verantwortung verschmilzt mit Deinem Wollen und Können. Du bist ein „göttliches Wesen" in Menschengestalt. Das ist Dein Vertrauen auf Erden.

Leben im Doppelpack

Jeder von uns reitet auf zwei Pferden durchs Leben. Das eine rennt blind durch die Welt. Es möchte überall Erster sein und im Mittelpunkt stehen. Es ist gehetzt, verliert sein Ziel ständig aus den Augen. Es lebt nicht im Moment des Geschehens und übersicht wichtige Wegweiser.

Mit dem anderen reitest du der Sonne entgegen, Ziel orientiert und konzentriert bringt es dich sicher weiter. Du feierst immer den Augenblick des Geschehens und vertraust dem nächsten. So erfährst du im Sprung die Lösung einer sicheren Landung. Start frei, fürs nächste Rennen.

Apfelernte

Servus Äpfel.
Bei einigen schaue ich auf ihre roten Apfelbäckchen, bei anderen ins grüne Antlitz. Ja, so sind die unterschiedlichen Reife Grade. Nun, ein grüner unreifer Apfel ist nicht schlechter, als ein reifer, köstlicher Apfel. So manch grüner Apfel genießt den Reifungsprozess, er weiß davon. Aber auch der nicht wissende Apfel wird zu einem reifen gesunden Apfel.
Das Endziel ist für alle gleich, von der Blüte zur Frucht. Wissen und wachsen.
Das Endergebnis liegt bereits im Samen.
Dort ist auch das Wissen „versteckt". Er weiß, er ist ein Apfel und wird ein Apfel.
Samen, ein geistiges Produkt aus Absicht.

Ist es bei uns Menschen nicht ebenso ?!

Absicht

Ohne Absicht kann im Leben
NICHTS geschehen.
In unserem Alltag sprechen wir pausenlos
Absichtserklärungen aus. Ich tue dies, ich
mach jenes...Die Absicht ist der Zündstoff,
der unser Leben in Bewegung hält.
Wünsche, Träume, Visionen, Ziele, klare
Vorstellungen – sind Ausdrücke für alles
DAS, was wir leben und erleben möchten,
in „echt" erfahren wollen. Sich gut anfühlt.
Wir zu 100% danach verlangen. Es ist das
Leben nach unserem „Seelenplan".

Wir wünschen uns alle dasselbe, Freiheit,
Frieden, Wohlstand, Freude, Erfüllung,
Selbstverwirklichung, Liebe, Gesundheit.
Einfach gut leben, super gut drauf sein.

Wir alle haben nur unterschiedliche
Vorstellungen davon, wie wir dahin
kommen. Das macht den Unterschied
unserer Resultate. Gewollte Vielfältigkeit.

**Haben wir ein gutes Gefühl, sind
Absicht und Erfahrung im Einklang.**

Lebe Deine Vorstellungen aktiv.Trau Dich.
Triff Deine Entscheidungen. Jetzt.

Fünkchen:

Schön ist so ein Ringelspiel...

Setze Dich rein ins Karussell des Lebens und genieße dieses Vergnügen. Es geht immer im Kreis herum! Doch wer bestimmt die Flughöhe? Du entscheidest sie. In jeder Höhe gibt es etwas Anderes zu sehen. Vorbei an vielen Sehenswürdigkeiten, Undefinierbaren, Unbekannten. Deine Augen sind ständig beschäftigt und Du möchtest absolut nichts verpassen. Du fühlst Erleichterung, denn schließlich geht es im Kreis und was Du jetzt übersehen hast, kommt in der nächsten Runde wieder vorbei. Auch ist es möglich, die Flughöhe zu wechseln. Wenn es dir oben zu windig ist, lässt Du Dich wieder fallen. Es kommt die Stunde, da hast Du Dich an die Höhe gewöhnt und es gibt nur noch ein Aufwärtsschwingen. Dein Lebenskarussell befindet sich in einer Spirale, damit ist nach oben ALLES möglich. Das sind gigantische Aussichten, ein Endlosspiel, das Du bestimmst. Oben ist es angenehmer, übersichtlicher. Unten ist es überfüllt, es wird gedrängelt, der Durchblick fehlt, jeder sucht nach dem besten Platz an der Sonne, möchte allen Anderen eine Nasenlänge voraus sein.

Gönne Dir weiter oben den Rundum Blick, das angenehme Miteinander und das immer währende Gefühl der Zufriedenheit. Du begreifst die Welt und Dein Blick ist jetzt geschärft für die schönen Dinge. Fragst Du, ob es dieses geistige Karussell wirklich gibt? Du sitzt mittendrin. Finde den Schalter und starte Deinen ganz persönlichen Höhenflug. Just for Fun!

Fünkchen
meldet sich zurück vom Höhenflug.
„Stehst Du wieder mit beiden Beinen auf der Erde?" Gut, dann machen wir weiter.
Genau hier und jetzt haben wir Spaß an solchen „Geschichten". Sie sagen uns mehr Wahres, als wir auf den ersten Blick erkennen können, als es „Jolli" zulässt.
Das ist nun mal das Spiel. Ich liebe es.

Alle Fakten im Sicherheitsgefühl bedingen einander. Du stolperst immer wieder über Dinge, die durchs Leben führen und die das Leben sind. Es ist DAS Ringelspiel.

„Nun, so reiht sich Streich an Streich und der nächste folgt zu gleich." **Ehrlichkeit zahlt sich aus**... pure Lust auf Mehr...
Leben und leben lassen. Fantastisch!

Realität ist
„Schnee von gestern"

Wie ist das mit der Realität, unsere viel gepriesene Wirklichkeit, vom Verstand so definiert, vom ihm so wahrgenommen, vom Ego so in Zeit und Raum erlebt. Es ist manifestierte Energie. Alles, was ist, uns in allen Bereichen umgibt, was wir haben, was wir sind, ist getane „Arbeit".
Ist „eigentlich" der Schnee von Gestern.
Gedanken & Gefühle, Worte, Handlungen, sind sichtbar, erfahrbar, Energie in Form.
So ist das. Sehen wir die Energie einfach als Schnee. Spielen wir mit dieser Idee.
Wir formen daraus Figuren, die häufigste ist der Schneemann, weil dem Verstand bekannt. Sind wir kreativ, lassen neue Ideen zu, sehen wir im Geist Bilder neuer Schneefiguren, bums, stehen sie als eine Blaupause in Natura vor uns. Jedes ein Unikat, im Kopf und im Leben. Ob uns die Figuren gefallen oder nicht, sie sind, wie sie sind. Wir haben die Wahl. Wir freuen uns darüber, nutzen die Erfahrungen neu. Oder wir ärgern uns darüber, nörgeln rum.

Wir haben den Drang, auszubessern, zu korrigieren, am „Alten" nur die Fassade zu erneuern, auf wackligem Grund neu zu bauen. Wozu ? Es ist Schnee von gestern. Lassen wir ab, gedanklich und körperlich, schmilzt er einfach weg. Stück für Stück. Energieumwandlung... Die Sonne bringt es an den Tag, sagt der Verstand. Wahr ist, wir können im Sicherheitsgefühl neu erschaffen. Bringen wir den alten Schnee zum Schmelzen. Im Jetzt. Schnee ist da, ist Energie, unsere Gedanken gestalten noch nie erlebte Figuren... neue Realität, neue Erfahrungen... es bleibt spannend.
Wozu über den alten Schnee Tränen vergießen ? Wir sind Alle ein wunderbares kreatives Energiebündel mit ungeahnten Möglichkeiten. Wann setzen wir sie um?

Was nutzt uns der Glaube, dass wir alles Selbst erschaffen können, wenn wir es jetzt nicht ausprobieren. Wissen, glauben, umsetzen liegen in einer Hand, nämlich in der eigenen. Wenn wir uns Tag für Tag auf all die Dinge konzentrieren, die uns nicht gefallen, auf das, was wir nicht haben...

Mangel an...Freude, Friede, Einigkeit, Ehrlichkeit, Liebe, Geld, materielle Dinge, Lebensnotwendigkeiten... was immer dieses für den Einzelnen bedeutet... wird der Schnee unansehnlich, er stinkt uns... Wir konzentrieren uns auf alten Schnee. Konzentration ist Festhalten, weiterleben.

Das was wir heute leben, erleben, ist das Produkt unseres kollektiven Denkens von eben. Wir können ununterbrochen daran herum basteln, uns darauf konzentrieren, Widerstand leisten, damit erhalten wir es am Leben, logo, es ist gedanklich immer bei uns. Verursacht negative Gefühle und Resonanz... wir erleben noch mehr Mist.

Dafür brauchen wir nur aus dem Fenster zu schauen... Das Kollektivbewusstsein sind wir alle. Jeder Einzelne gibt seinen Senf dazu. Es zählt jeder Gedanke, jedes Wort, jede Handlung, ALLES. Jeder ist eine Quelle des Guten oder Schlechten.

Gut und schlecht sind die Sammelbegriffe für Alles, was wir haben wollen und die Kehrseite, was wir nicht haben wollen. Das Gefühl sortiert, Gutes ins Kröpfchen, den Rest ins Töpfchen."Märchenhaft"!!!

Das eigene funktionierende Leben ist das, was zählt, und auch das Einzige, wofür jeder die Verantwortung trägt, nur für sich SELBST.

Herzlichst Euer Fünkchen:
Das letzte Wort hat Jeder SELBST

Jeder Mensch segnet seinen eigenen Lebensplan ab. Unbewusst oder bewusst. Lebenserfahrung beruht auf dem eigenen Wissen. Kein Mensch kann das Leben eines anderen steuern, außer er lässt es zu. Gedanken manifestieren sich. Immer die eigenen fürs eigene Leben, egal, wessen Geistes Kind sie sind. Meine, deine, unsere...Sender ist Empfänger. In unserem Wortschatz haben wir ein Meer von „klugen" Sprüchen. Formulierungen, „Weisheiten", die Alles enthalten, um ein erfülltes glückliches Leben zu erschaffen. Wir haben clever überall die Wahrheit versteckt, wer wir sind und wie das Leben funktioniert. Der Verstand betrachtet die Dinge einseitig, aus „seiner" Sichtweise.
Wir leben in einem Erfahrungsfeld, ein Feld der Kontraste. Es gibt kein zufälliges Missgeschick und kein zufälliges Glück.

Richtig und falsch sind Polaritäten im menschlichen Wertesystem, Produkte des Verstandes. Freiheit ist Wissen, ist Liebe, Vertrauen, Bewusstheit. Freude, Humor, **Spaß am SEIN, am DA – SEIN.**

In der Kürze liegt die Würze bedeutet, **Fakten**/Wahrheiten sind **kurz** und **einfach** ausgedrückt. Der Verstand umschreibt, oft ausschweifend, formuliert schwierig, um die wahre Essenz zu verstecken, das ist seine Aufgabe. Das kann er bestens.
Die Bedeutung der Dinge sind Kopfsache, „einseitig" dem Verstand „entsprungen".
Gute Gedanken ziehen gute Dinge ins Leben, schlechte Gedanken ziehen unliebsame Dinge an. Was immer auch das, für jeden einzeln bedeutet...
Wir erschaffen uns alles selbst. Alles. Kein Ereignis, keine Katastrophe ist durch puren Zufall in die Welt gestolpert. Jeder Gedanke, jede Idee, jeder Wunsch, ist bereits manifestierte Energie, die wir im Geist wahrnehmen, als Worte empfangen. Gedankengut, dass allen zugänglich ist.
Wie oft geschieht es, dass wir sagen, zwei haben den gleichen Gedanke. Nur zwei?
Wer erfährt diese Resonanz? Alle, die sich auf dieser Frequenz befinden, „früher oder später" sind sie Teil dieser Schwingung.

Wähle bewusst übers Sicherheitsgefühl, dahinter steht wahres Wissen, es wartet auf Deine Absichtserklärung, Stück für Stück Dein Leben zu gestalten. Alles ist Energie, auch DU. Du bewegst sie selbst ins Physische. Lebe aus dem Moment, schwimme geistig im Endergebnis, fühle Dich wohl und gib dem Handlungsbedarf nach. Etwas tun oder nichts tun.

Absicht und Handlung Hand in Hand.

Wer Veränderung sagt, muss sie leben. Wer seiner Vision vertraut, muss sie umsetzten. Wer an Frieden glaubt, muss friedlich sein. Wir müssen vor leben, was wir erleben möchten. Wir selbst sind die Quelle dieser Dinge. Sendefrequenz ist gleich Empfangsfrequenz. In Resonanz.

Das **Kollektivbewusstseln** ist immer eine **Momentaufnahme**. Alle sind ein Tropfen Geist darin. Jeder Tropfen bewegt das Ganze. Je mehr farbig denken, umso bunter wird es... Veränderungen beginnen bei jedem von uns selbst. Der Verstand würde sagen, ich habe den richtigen Riecher, bei mir läuten die Alarmglocken oder das Gefühl hat mich überwältigt. Wir selbst geben den Dingen eine Bedeutung, von „Natur„ aus, haben sie keine. Sie sind. Das Ego ist der Meinung, dass seine Betrachtungsweise, die einzig Wahre ist.

Eine Selbstbedienungstheke, Konflikte zu produzieren, aus zu leben.

„Es ist nicht alles Mist, was zum Himmel stinkt...Es ist nicht alles Gold, was glänzt."

Dabei sind wir stets bemüht, das Beste zu geben, und das entspricht eben nicht immer dem „Reinheitsgebot". Alles kehrt wie ein Bumerang zum Absender zurück. Is` es gut, isses gut. Is` es schlecht, suchen wir nach „Schuldigen".

Dabei gibt es nur **Eigenverantwortung.** Jeder erlebt immer das, was seinem Kopf entspringt, egal ob selbst erdacht oder denken lassen. Das begleitende Gefühl gibt die Marschrichtung vor. Entweder ins Elend oder ins Paradies. Wir alle sind **Das Energiebündel Mensch.**

Ein Gedankenaustausch ist ein Erfahren von anderen Glaubensmustern, anderen Bedeutungen, für oftmals das Gleiche.

Kollektivbewusstsein, ein Gedankenmix, ein **Erfahrungspool.** Kein Gedanke geht je verloren, fließt stets ins Kollektive. Ist ein großes Energiefeld und **jeder** denkt, fühlt, **handelt** immer **in Auswirkung auf das Ganze.** Wie interessant wäre es, jetzt eine Palette guter Gedanken zu leben?!

Fünkchen:

Wärst Du mit der von der Partie?

Jede Religion ist eine Sammlung von Glaubensmustern, Lebensphilosophien. Wir haben die Wahl, sie einfach NUR zu respektieren. Ist das (un) – möglich? Wozu anders Denkende die eigene Lebensphilosophie aufzwingen ? Warum entgegen der eigenen Sichtweise leben? Es ist das Ego, was kategorisiert. Neues Denken & Fühlen, neue Verhaltensmuster, neue Ergebnisse. Jede „Schlacht" folgt den gleichen Regeln. Rot und blau. Menschliche Wesen sind Energie in Form gebracht, im Kern sind alle gleich. ENI, Ursprungsenergie, klar, wahr, ein Ganzes. Wir sammeln ...zig Erfahrungen im Raum der Unendlichkeit. Fakt ist, das letzte Wort hat Jeder Selbst...

Liebe deine Nächsten, wie Dich Selbst.
Es gibt eine Kraft und sie kommt direkt aus unserem emotionalen Zustand. Auf dieser Lebensautobahn gebrauchst Du Deinen Verstand bewusst. Du handelst, als wäre nichts und niemand getrennt. Wir möchten glücklich leben, Dinge tun, die uns Spaß machen, Freude im Täglichen empfinden, unsere Fähigkeiten ausleben, friedlich mit den Nachbarn auskommen. In einer ehrlichen, Gewalt freien Welt leben. Einer Welt, die wir gemeinsam pflegen und hegen. **Die Welt, das sind wir Alle.**

Hinter den Kulissen unseres Verstandes ist das Wissen grenzenlos.
Dort liegt der „Glücksfaktor" und wartet .
Aus guten Gedanken – Ideen, Visionen, Wünsche, Hoffnungen, – erschaffen wir eine für alle wünschenswerte friedliche ehrliche lebenswerte Welt.Tun wir es.
Vergangenheit ist gelebt, die Zukunft ist Kopfkino, die Gegenwart ist die einzige Möglichkeit, aktiv aus dem festgelegten Ergebnis (der Absicht) zu leben. Wie?

Wir haben es vergessen, welch großartige Fähigkeiten wir haben.
Wie wäre es mit ausprobieren.
Es tut nicht weh, es kostet nix.

Gedankengut ist **Energie** und sie existiert **im Überfluss**, **grenzenlos** im Universum.
Wenn alles Energie ist, gibt es dann irgendeinen Mangel...?!
Nein, er entsteht nur durch unser Denken.

Das Flackern einer Kerze reicht oft aus, die Dinge bei Licht zu besehen.

Wir bewegen unser Wissen
aus dem Nichtwissen
ins Erkennen, verstehen, anwenden.

Laufe dem Leben nicht voraus,
laufe dem Leben nicht hinterher,
laufe mit ihm mit.
Im Jetzt denken & fühlen.
Wer im guten Gefühl lebt, kann sich
zurück lehnen. Leben ohne Angst.
Wissen, dass nur gute Dinge geschehen.
Im Beruf, in der Partnerschaft, in der
Familie..., alles läuft rund.
„Wer Liebe ausstrahlt, dem haut niemand
die Bratpfanne auf den Kopf."

**Alles ist in bester Ordnung. Das letzte
Wort ist der freie Wille, der Wahrheit zu
vertrauen oder der Illusion, Ego „Jolli".**

Fünkchen:

Bei Licht besehen, liegt die Lösung auf
der Hand. Dieses Wissen ist die Antwort
auf das bunte Treiben, Leben genannt.

Leben wir aus der Trennung, ohne Liebe,
ohne Gefühl, ohne Zärtlichkeiten, ohne
menschliche Nähe, ohne Lob, ohne
Anerkennung, ohne Streicheleinheiten für
das menschliche Selbst - Körper, Geist
und Seele - , sind wir ein „Haufen Elend".
Behaftet mit allen negativen Gefühlen, die
ihresgleichen suchen und finden. Ob im
Individuum oder im Kollektiv gleicher
Wellenlänge. Wer sucht, findet, immer.

Unsere blaue Seite leidet gern mit, fühlt mit, mischt sich ein...Was geschieht?

Wir finden, konzentrieren uns auf diese Ereignisse, verstärken diese Energie, statt sie abzuwenden, erschaffen wir mit. Wir sind voll mit beteiligt, ohne es zu wissen. Würden wir auf unser Gefühl achten, die Hinweise spüren, die uns die rote Seite schickt, lassen wir ab. Allein Widerstand hält am Alten fest, verstärkt diese Energie. Für den Verstand eine Herausforderung, still zu bleiben, zu beobachten, sich zurückzunehmen. Er ist jedoch lernfähig.

Wir sind EINS – Gedankenkraft – **bedingungslose Liebe fühlen,** für die Situation, für die Menschen, die Realität. Es ist **die Energie**, die jetzt auf Resonanz geht, die auflöst, die wirklich Lösungen, Erfolge, **Erfüllung bringt.** Für Alle. Du glaubst es nicht...Wir alle zusammen haben es doch noch gar nicht probiert.

Wäre es nicht an der Zeit, für dieses Neue großartige Spiel ?

Fünkchen:
Die nächsten Zeilen, aus dem Nichts, sind für Dein geistiges Picknick, entspannen, tief durch atmen. Einfach auf Nichts konzentrieren. Genieße diese Pause.

Fünkchen:

Hier ist das **Puzzle** auf einen Blick.

Fakten, die Antworten sind.

Fakten, die selbsterklärend sind.
Fakten, die unser Leben bestimmen.

Fakten, die wir wissen, fühlen.

Nehmen wir mal an...

Alles Existierende ist Energie.
Alles Existierende ist das Ergebnis
von Gedanken.
Alles Existierende ist Materie
unterschiedlicher Schwingung.
Alle Menschen sind ein kompaktes
Energiebündel.
Alle sind Körper, Geist und Seele.

Alles Leben ist Energie in ständiger
Bewegung, Veränderung.
Alles Leben ist untrennbar
miteinander verbunden.
Alles Leben unterliegt dem
Resonanz Gesetz.
Alles Leben beinhaltet das
Gegensätzliche.
Alles Leben selbst ist eine intelligente
Kraft, Bewusstsein, Ursprungsenergie.

Wir SELBST sind diese intelligente Kraft.
Wir SELBST sind das Bewusstsein.
Wir SELBST sind absolutes Wissen in
Körper, Geist und Seele.
Wir SELBST haben immer Zugriff auf
dieses Wissen.
Wir SELBST tragen
das Gegensätzliche in uns.

Unser Verstand ist die Grenze
zum Bewusstsein.
Unser Verstand repräsentiert unsere
Individualität, das Ego.
Unser Verstand gibt den Dingen
seine Bedeutung.
Unser Verstand ist Datenspeicher
von Erfahrungen.
Unser Verstand erinnert sich nicht
an seinen Ursprung.

Gefühle sind selbst die intelligente Kraft.
Gefühle sind das Kommunikationsmittel
unserer Seele.
Gefühle und Gedanken sind eine Einheit.
Gefühle und Gedanken sind
manifestierte Energie.
Gefühle (E-motionen), ist die Kraft,
zu manifestieren.

Diese Kraft steuert unserer Gedanken
in die Realität.
Dieser Kraft ist es egal, welches
Gedankengut sich realisiert.
Das Gefühl ist das Zünglein
an der Waage.
Das gute Gefühl ist unsere Intuition,
das Beste zu erschaffen.
Das schlechte Gefühl ist das Signal,
den Denkprozess zu stoppen.

Alles geht von einem Selbst aus und
kehrt zu einem selbst zurück.
Es gibt kein Zufall, nur Ergebnisse.
Wir erschaffen mit Gedanke, Wort, Tat,
das Gefühl bestimmt die Richtung.
Die Absicht/Ziel ist das Startsignal
an die Energie, sich zu verändern.
Die Konzentration auf das Gedankengut
produziert physische Ergebnisse.

Alles Gedankengut ist
im bewussten Geist vorhanden.
Alles Wissen wartet darauf,
uns bewusst zu werden.
Leben aus dem Gefühl heißt,
wir leben aus der Bewusstheit.
Bewusstseinserweiterung heißt,
die Verstandesgrenze verschieben.
Neue Gedanken, neue Sichtweisen,
neue Erfahrungen.

Das Lebensspiel findet auf zwei
Energiefeldern statt.
Die blaue Seite steht für Verstand,
die rote steht für Intuition.
Unser Verstand kennt
unsere Lebenspotentiale nicht.
Unsere Intuition führt uns über Ideen,
Visionen, Handlungsbedarf.
Beide Seiten kooperieren in Bewusstheit.

Glaubensmuster bestimmen
unser Handeln.
Jeder hat die Wahl nach seiner Wahrheit
(Bewusstheit), zu leben.
Jeder Verstand handelt immer
aus der Bewertung heraus.
Jedes wieder entdeckte Gedankengut
fließt ins Kollektivbewusstsein.
Kollektivbewusstsein ist die Summe
individueller Glaubensmuster.

Etwas für unmöglich (unwahr) zu halten,
heißt nur, (noch) nicht wissen.
Die Wahrheit ist nicht „unwahr", nur weil
dem Verstand die Beweise fehlen.
Diese Fakten sind wahr
und bestimmen unser Leben.
Sie treffen eine Entscheidung.
Sie wählen, dies ALLES auszuprobieren.

Sie sind sich ihrer Gedanken bewusst.
Sie haben die Absicht in Wohlstand,
Frieden, Freiheit, Gesundheit, zu leben.
Sie möchten Ihre Fähigkeiten einbringen,
Spaß haben, Freude empfinden.
Sie leben im Einklang mit Jedem.
Sie vertrauen sich dem Energiebündel.
Nehmen wir mal an... Sie fühlen,
dass Sie all Das bereits immer wussten.
Warum nicht einfach danach leben ?

„Fünkchen"
bereitet daraus nochmal leichte Kost.
Der Funke in Dir sagt ja, schön wär`s.
Unser Ego liebt es, Worte, Dinge, Fakten,
mal so und mal so, serviert zu bekommen.
Es siebt gern. Geben wir ihm die Chance,
die guten Zutaten in allen zu entdecken
und sie in bester Erinnerung zu behalten.

Denkst` e oder Denkst` e lieber nicht

Fünkchen: Märchen für Erwachsene

Es war einmal eine Gruppe erfahrener
Forscher, die sich in unbekannte Gefilde
wagte, um neue Erkenntnisse zu
sammeln. Schon bei ihren ersten Schritten
wurde ihnen bewusst, dass hier all ihr
Wissen und ihre Fähigkeiten nicht weiter
helfen würden. Sie schauten sich an und
verstanden die Welt nicht mehr. Da hatten
sie nun jahrelang gelernt, gebüffelt und
nun sollte alles umsonst gewesen sein.
Alle ihre Erfahrungen einfach nutzlos. Was
nun? Aufgeben? Nein, sie hatten sich alle
auf diese Aufgaben gefreut. Sie wagten
sich voller Mut und Neugierde auf das
noch unbekannte Terrain.

Sie mussten sich entscheiden.

Der Verstand blockte, das war ihm zu „hoch". Das Gefühl war offen für Neues, es plädierte für loslegen. Einigen fehlte der Mut. Eine Fahrt ins Blaue hatten sie nicht gebucht. Fakten, Gewissheit auf ein lohnendes Ergebnis, waren Regeln für ihr Tun. Andere dagegen reizte das Neuland. Sie packte die Abenteuerlust, vertrauten ihrem Gefühl, sie glaubten einfach an den Erfolg. Sie wollten Pionierarbeit leisten, Vorreiter für andere sein und mit ihren Neuentdeckungen den Menschen Gutes tun. Sie beschlossen los zugehen, ohne Grübeln, ohne weiter nachzudenken, einfach gehen. Sie sahen sich bereits freudig am Ziel in den Armen liegen und fragten nicht, was alles passieren könnte und wie sie es meistern würden. Sie vertrauten, genau dann die Lösung zu finden, wenn ein Problem auftaucht. Ein gutes Gefühl, zu wissen, nichts voraus zu planen, nichts zu berechnen, nichts zu diskutieren, nichts zu verwerfen. Einfach den Kopf frei machen und Spaß an den Dingen haben. Herrlich, so hatten sie sich immer ihre Arbeit, ihr Leben vorgestellt. Frei entscheiden, die Situationen genießen, immer im richtigen Moment am richtigen Ort zu sein und das Richtige tun.

Die ersten positiven Erfahrungen in ihrer neuen Denkweise bestärkten sie in Ihrer Absicht, erfolgreich die Mission zu beenden. Materielle Fülle, Weitergabe ihres Erlebten, Coach für Neugierige.

An Tagen, wo sich bei großen Herausforderungen ihr Verstand einschaltete, überkam sie ein schlechtes Gefühl. Sie waren müde und unliebsame Gedanken quälten sie. Doch dann klopfte das Herz, die innere Stimme meldete sich zu Wort und es ging plötzlich alles wieder leicht und wie von selbst. Sie trainierten jetzt bewusst dieses Verhalten.

Wunderbare Zeiten waren das Ergebnis.

Sie fanden die unbekannte Welt, sie hatten sich Zugang zu ihr erschaffen.

Unbeschreiblich schön, ein Märchen, ein Zauber lag in der Luft, ein Stück vergessener Heimat offenbarte sich ihnen. Jetzt verstanden sie und dankten sich, diesen Weg gewählt zu haben. Am liebsten hätten sie jeden sofort davon erzählt, doch wie klarmachen, was nicht sichtbar war. Würde man ihnen glauben, ihnen vertrauen? Sie entschieden sich, ihr inneres Wissen und ihre Erfolgsberichte fest im Herzen zu verankern. Da gehört die Wahrheit hin. Da kommt sie her.

Fünkchen:

Könnt ihr das Strahlen auf ihren Gesichtern sehen, es nachvollziehen?
Die Menschen drehten sich nach ihnen um. Ein Hauch von unbeschreiblicher Anziehung ging von ihnen aus. Sie schenkten der Welt ein Lächeln und eine Einladung zur Expedition in die andere Heimat. Zuerst folgten nur einige Wenige, doch mit der Zeit kamen immer mehr und dann riss der Strom der Mutigen nicht mehr ab. Eine Sogwirkung setzte ein und so traf man auf immer mehr strahlende, zufriedene Gesichter mit dem Hauch einer unbeschreiblichen Anziehung. Und wenn sie nicht aufgehört haben, Expeditionen durchzuführen, dann wird eines Tages die ganze Welt im wieder entdeckten Wissen hell leuchten. Eine Neue Heimat für alle.

Welch wunderbare reale „Märchenwelt"!!!
Das Leben läuft seit Menschengedenken nach dem Motto, ich sehe was, was du (noch nicht) siehst...Genau darum sind wir hier. Augen auf, erst nach innen schauen, dann erleben wir im Außen die „Beweise".

Weiter geht es, lieber Leser, zum Gipfel.
Kurzer Rückblick, Alles will verdaut sein.

So wie ein alter Hut

Findest Du es beruhigend, wenn Dich jemand mit den Worten, „Mensch, Du hast Dich aber gar nicht verändert", begrüßt? Was denkst Du, was fühlst Du in dem Moment? „Großartig, dass ich mit treu geblieben bin, ich bin eben so." Oder sagst Du Dir, „habe wohl die letzten Jahre verschlafen, nix dazugelernt, bisschen peinlich ist das schon". Und dann, „ja, wie kommt der eigentlich dazu, so etwas zu sagen?" Du bist, was Du denkst, fühlst. Gefühle „leuchten", wusstest Du das?, nämlich den anderen ins Gesicht, besser mitten ins Herz. Dein Gefühl entspringt Deinen Gedanken, schwupps, manchmal unbemerkt, manchmal mit Pauken und Trompeten. Selbst wenn Du täglich Deine Kleidung änderst, Dein Outfit der Mode unterwirfst, Dein Lächeln der Zahnpasta Werbung anpasst, nützt Dir alles nix. Da fehlt der innere Magnet, den nur Du in Bewegung setzt, aus der inneren ehrlichen Einstellung zum Leben und zu Dir selbst. Und genau der überdeckt Deine äußerliche Kleidung, ob Du es merkst oder nicht. Bläst Du Trübsal, wälzt schwere Gedanken, na, Halleluja, dann sieh mal, wie Dein Gegenüber guckt.

Der denkt sich, nischt wie weg, selbst die Frage, „na wie geht` s", wäre ihm fast auf der Zunge liegen geblieben. Damit meine ich nicht die echte Anteilnahme. Dahinter steht mehr als diese Floskel, ehrliche Unterstützung und wahre Freundschaft sind auch ohne Worte zu verstehen.

Nein, einmal mies gelaunt, immer mies gelaunt, hält den dickhäutigsten Elefanten ab. Einmal gut drauf, immer gut drauf, macht den stärksten Optimisten pessimistisch. „Wie jetzt?", fragst Du?

Es geht immer um die gesunde Mischung, um deine innere Ausgeglichenheit und die enthält mehr als ein gefrorenes Lächeln, ein ewig Strahlemann, ein schnaufendes Etwas. Teilhaben am Geschehen, aber nicht darin untergehen und auch nicht darüber hinweg gehen.

Weißt Du, was Dein Gegenüber spürt?

Dein Lebensgefühl.

Eine bejahende Lebenseinstellung, Neugierde aufs Leben verleiht Deiner Ausstrahlung den Glanz. Das bist DU.

Immer im Fluss des Lebens.

Du wirst nie ein „alter Hut" sein, an dem man Dich auch in „100" Jahren noch erkennt! Immer frisch, immer ehrlich, immer du SELBST! Immer up – do – date.

Fünkchen, eben wie im richtigen Leben ...

Einer für Alle, alle für Einen

Wir alle sind Teil eines tollen Teams, in Gedanken immer miteinander online.
Es gibt ständig großartige Ideen, Projekte, Herausforderungen, Pilot Unternehmen und vieles Andere mehr. Und wir alle sind irgendwo und irgendwie immer mit dabei.
Jeder kennt den Teil seiner Aufgabe, alles genau aufgelistet, detailliert vorgegeben.
ENI hat die Gesamtleitung, kennt alle Einzelheiten und sieht das fertige Bild.
Jede Planungsrunde ist ein Balanceakt.
Denn es ist nur stimmig, wenn alle ihren Teil zu 100% erfüllen.Logo! Dann ist der Erfolg für alle garantiert und jeder wird entsprechend belohnt. Leider wissen das nicht alle. Viele in der Runde übersehen den Planungsleiter. Sie meinen, sie sind Einzelkämpfer, ignorieren ihre eigenen Vorgaben und fangen an, alles Verstandes - gemäß auseinander zunehmen, um es dann neu zusammenzufügen. Zweifeln.
Sie hören nicht ihre innere Stimme, ihr Gefühl, sie wissen nicht, dass dieser Teil immer online mit dem Planungsleiter ist. Schade.
Nun, die Unbelehrbaren gründen sogar neue Planungsrunden, gehen in Stand-By. Sozusagen, es herrscht Dunkelheit.

Die Gefühl gesteuerten erreichen erfolgreich jedes nur in Aussicht gestellte Ergebnis, es entspricht ihrer Absicht.
Du brauchst Vertrauen in Deine eigenen Planungsunterlagen. Du weißt und glaubst an das noch nicht sichtbare Resultat. Hast die Einsicht und Mut Deinem Störenfried in Dir, Ego „Jolli", dienstfrei zu geben. **TRAU DICH**! ENI und Du sind EINS.

Fünkchen:

Noch` en Geschenk

Wie wär`s mit einem Klingel Knopf ?
Du fragst, was das soll. Er weckt den Schöpfer in Dir. Es ist ein Klingel Knopf mit Prüfsiegel. Drücke kräftig drauf. Sprich mit dir Selbst. Sieh Dich als eine riesige Energiewolke, die alles umarmt, alles weiß, alles kann. Im wahrsten Sinn des Wortes grenzenlos ist. Das bist DU. Ein Stück der Riesenwolke lebt in Dir. Wo? Überall. Wie die Luft in einem Raum. Immer untrennbar mit den großen Wolken verbunden.Glaubst du es, bist Du auf Empfang und spürst den Kontakt mit ihr. Im Vertrauen findest du die Frequenz. Riesenwolken haben den Überblick. Sie haben im Innern alles gespeichert.

„Wer das für sich erkennt und als wahr annimmt, hat den Klingel Knopf gedrückt."

Das Ego ist darüber natürlich erschrocken. Beruhige es. Es glaubt nur an das Sichtbare.Was es nicht sieht, kann nicht sein. Erzähle ihm, was hier abgeht.
Nimm es auf die Reise mit. Alles andere ergibt sich im Gehen. Gewöhne Dich daran, dass die Tarnkappe langsam durchsichtig wird.
Keiner kann die Existenz mehr vor den anderen verbergen. Und das ist gut so.
ENI bleibt DIR nicht länger verborgen. Erkenne es.
Dann hast Du alles im Griff. Wohlstand, Gesundheit, inneren Frieden.
Alles, was ein erfülltes Leben auf Erden ausmacht. Du begreifst, warum Du hier bist. Den Sinn vom „doppelten Lottchen", EGO und DU SELBST.
Wir sind auf dem Weg in ein neues Zeitalter, einer Zeit von Veränderungen, einer Zeit von Pionierarbeit, einer Zeit des Aufwachen`s aus dem Dornröschenschlaf.
Lass den Wecker weiter klingeln!
Küsst euch gegenseitig wach, reißt die Dornenhecken ein. Lasst endlich Licht ins Dunkel fließen. Die Helligkeit wird durch Nichts überschattet. Licht macht sehend.

Wissend macht weise.
Weise macht vollkommen.
Das ist das Höchste.
Das ist DEIN Reiseziel.
Gute Fahrt.

Stell Dir diese Riesenwolke einmal vor. Du stehst mit einem Bein darin. Das andere ist auf Erden fest verankert. Die Wolke ist die Luft zum Atmen. Unser Lebenselixier. Sie ist für alle da. Ein großes Ganzes. Es ist ein ständiges Einatmen und Ausatmen. Egal, wo Du bist, wer Du bist. Nur dein Ego macht Unterschiede. Alle kleinen Wölkchen wissen, wer sie sind und nicken einander freundlich zu. Sie lassen den Ego`s ihr gemeinsam geplantes Spiel. Ein Spiel auf Zeit. Eines Tages ist es für alle normal, dem Ego einen frommen Mann sein zu lassen.**Wir gehen in Bewusstheit durch`s Leben.**
Was für eine interessante Welt ?Jeder lebt seinen Traum, kennt seine Fähigkeiten, genießt den Wohlstand. Schert sich nicht mehr um das Leben der Anderen. Es gibt kein besser, kein schlechter, keinen Streit. Es gibt Akzeptanz und ein ehrliches miteinander Umgehen. Jeder darf den anderen sein Herz ausschütten, als unterhaltsamen Erfahrungsaustausch.

Kein Gedankenmüll mehr.

Ihr denkt Märchen, unmöglich?
Wer sagt das?
Wer will es besser wissen?
Wer verhindern?
Wir kennen die Antwort !

Einer stößt den andern an, der letzte stößt sich selber an. Erst verneint, dann verlacht, später bejaht, dann umarmt. So wird es sein, denn dieser Gedanke ist berauschend schön. Wohlstand, Freiheit, Frieden, Freude, Unabhängigkeit, Erfolg, Selbständigkeit, Selbstbestimmung, Gesundheit, Liebe, Wissen, Weisheit. Wahnsinn! Wer auf dieser Welt möchte all dies nicht? WER? Wir Alle haben die freie Wahl. Was wählst Du hier und Jetzt ? Jeder geht seinen Weg. Einer geht mit der Landkarte der Vergangenheit in die Zukunft, dem alten Verhalten, dem Nichtwissen. Der andere mit der Entscheidungsfreudigkeit des Augenblicks, dem Wissen seines Selbst.

Möchtet IHR, das Märchen wahr werden? Deine innere Weisheit bringt dich zum Strahlen. Viel Spaß in Deinem persönlichen Himmelreich auf Erden.

Fünkchens Kommentar:
Ja, diese Riesenwolken, reine Energie,
immer in Schwingung, immer in ständiger
Veränderung. Das einzig Beständige, ist
die Unbeständigkeit aller Dinge. Alles, was
existiert. Na, Klasse. **Energie geht nie
verloren**, sie ändert nur ihr „Aussehen".
Damit verschwindet nie wirklich Etwas aus
dem Leben, es „trennt" sich von einem in
Zeit und Raum, aus dem eigenen Leben.

Dann gebe ich noch einen drauf ...
Du Energiebündel Mensch...
Du bist der Gestalter Deines Lebens,
Du bist Gebender und Nehmender.
Du bist Dein eigener Planungsleiter.
Ist das nicht so was von beruhigend?
„Du planscht noch im Schlamm und
derweil hast Du schon das Bad am Ende
der Pfütze bestellt!" Passt schon.

Fünkchen spürt,
wenn`s funkt, geht`s runter wie Öl!
Gut, dass wir darüber gesprochen haben.
Probieren geht über studieren. Jo, iss so.

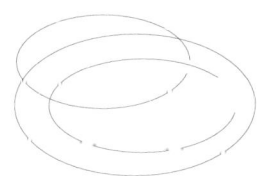

Lass neue Sichtweisen zu, ändere, ergänze alte Glaubensmuster, betrachte Dinge aus einem neuen Blickwinkel, stelle Dinge in frage, erweitere Deine ganz persönliche Sichtweise, klinke Dich aus Kollektivanschauungen aus, triff neue eigene Entscheidungen, hinterfrage Lebensweisheiten, frage Dich einfach Selbst. Achte in jedem Moment des Geschehens nur auf das Gefühl. Nur Dein Verstand will in jedem Moment verstehen, warum dies und jenes ins Leben tritt.

Schaust Du bewusst zurück, stellst Du fest, wenn es A nicht gegeben hätte, würde es Z nicht geben. Der Erfolg hat keinen Terminplan. Er kommt, einfach so, nicht im linearen Denken, nicht in einer Zeitabfolge, er trifft zum richtigen Moment ins Leben. Nicht unser Verstand versteht, unser Gefühl nickt das Ereignis ab. Am Ende wird abgerechnet, genau DAS ist es. Es bleiben immer Sprungbretter, die neue Ereignisse, Dinge, Menschen, in unser Leben ziehen. Ein nie endender Kreislauf. Bewegen wir unser Leben beständig und **bewusst** aus dem **roten** Feld, geschieht etwas Tolles. Kompliziertes „Denken", die Umwege, lösen sich auf. **Alles Handeln geschieht in einem einfachen Rahmen.**

Lisas Welt – eine Momentaufnahme

Eine Geschichte,
aus dem Leben gegriffen...

Es ist ein wunderschöner Abend und Lisa sitzt am Ufer des Flusses. Sie ist vertieft in ihre Bücher und hört das Rauschen der Wellen nur aus der Ferne. Sie sitzt gern hier und genießt die Stunden des Alleinseins. Lesen in aller Ruhe. Es macht ihr besonders viel Freude, an manchen Tagen einfach nur die Seele baumeln zu lassen. Lisa hat es sich seit einiger Zeit zur Gewohnheit gemacht, abzuschalten und mit sich und ihrer Gedankenwelt, allein zu sein. In den Büchern über Gott und die Welt, so wie sie diese Literatur nennt, zu lesen, zu staunen, zu wundern. Es macht ihr Spaß und lässt den Alltag vergessen. Ihr Lebensmotto heißt, „da musste durch", einfach „cool" bleiben.
Lisa ist eine aufgeschlossene junge Frau und man ist gern in ihrer Nähe. Sie lacht gern, ist rundherum ein toller Typ, ist einfach gut drauf. Jetzt hat sie sich etwas zurückgezogen. „Schuld" daran ist Lars, ihr großer Bruder.

Er brachte ihr einige Bücher zur letzten Party mit. Mit den Büchern wollte er Lisa nur ein bisschen foppen, denn gelesen hat er sie nicht! Er weiß, Lisa interessierten schon immer „außergewöhnliche" Dinge, die man nicht gleich greifen kann, so wie eine Butterstulle, Originalton Lisa. Da hat sie nun all die Bücher von Lars. Sie dreht sie, liest die Buchrücken, und weiß nicht so genau, ob sie soll oder nicht soll. Ihre Neugierde ist geweckt. Sie beginnt, jede Menge Neues für sich zu entdecken. Das ist jetzt einige Monate her. Mittlerweile hat sie alle Bücher gelesen.

Lesen, ist die eine Seite, verstehen und es ins Leben integrieren, das ist die andere Seite, jetzt ihre größere Herausforderung. Sie steht vor einer tollen Entscheidung. Soll sie diesen Pfad wählen oder diese Fakten auf Eis legen? Wie soll sie beginnen, es praxisnah umsetzen? Lisa hat eine Menge Fragen. Wow, ist das spannend! Was sagt ihr Gefühl? Hm,Gut. Ihre innere Stimme flüstert, begib dich auf den Weg. Probiere es aus und suche dir Verbündete. Sie entschied sich dafür.

Lisa findet überall neugierige Menschen.

Sie tauschen sich aus, freuen sich über neue Erfahrungen. Es gibt keine Wertung, „nur" ein gemeinsames Weitergehen.

Lisa fühlt sich in ihrem neuen Denken sehr wohl. Sie strahlt „Förmlich". Ruhe, Freundlichkeit, Ehrlichkeit bestimmen ihr Verhalten. Lisa schmunzelt, wenn sie an die Erlebnisse denkt, die sie in den letzten Monaten hatte. Wie sie sich ähneln. Der Mensch, der sich auf die Suche begibt, sein Erden-Dasein, sein Mensch-Sein, zu beleuchten, kommt immer an einem Punkt an, wo Fragen aus ihm herausplatzen. Und was für tolle Fragen!

Fünkchen:
Nur **wer fragt**, **ist offen** für die Antworten. Für Fakten. Im Vertrauen und Glauben annehmen, leben und weitergeben!
Dann erfüllt es seinen Zweck. Andere zu inspirieren, ihr eigenes Leben zu ordnen und bewusst zu leben. Sich einfach im Leben durch wahres Wissen wohl fühlen!

Lisas Art ist herzerfrischend. Sie kann Menschen fesseln, mit Worten bezaubern und ein gutes Gefühl vermitteln.
Wer möchte da nicht „Mäuschen" sein?
Sie erzählt uns von ihrer Welt. Von Menschen, Dingen, Ereignissen, die ihr Leben verändern. Von sich selbst.
Hier ist die Geschichte mit Paul, ein Freund der Familie, Lisas Paten Onkel.

Paul wünscht Lisa immer nur das Beste. Auch, wenn er nicht immer genau weiß, was das Beste für Lisa ist. Er tröstet sich, dass es niemand so genau weiß, was der andere empfindet und das Beste wäre. Man nimmt es meist wortlos an. Wozu auch darüber nachdenken. Oft weiß man ja selbst nicht, was man im Leben will und was einem gut tut. Paul staunt über sein Patenkind. Lisa nimmt für sein Empfinden alles viel zu einfach, lebt den Augenblick, schaut nicht nach rechts oder links und rechnet mit der richtigen Lösung. Das ist nicht Pauls Denkweise. Er plant alles im Voraus, bis ins kleinste Detail. Doch es gibt genug Stolpersteine, die ihm das Ergebnis verfälschen. Naja, er hat es ja gewusst, das es genau da haken würde. Wenn Paul Lisa solche Beispiele erzählt, schmunzelt sie nur, ist höflich, lässt Paul ausreden und erwidert nichts. Wozu auch? Lisa weiß, denke ich an solche Hürden, erlebe ich sie. Wozu so denken?! Jetzt könnte sie mit ihm darüber reden. Ob er offen dafür ist? Also, bei nächster Gelegenheit. Ich höre genau hin und werde im richtigen Moment die richtigen Worte finden. Es wäre toll, Onkel Paul von seinen Stolpersteinen zu befreien. Wer es probiert, hat die Chance auf Erfahrung.

Paul redet sehr viel. Meistens über sich. Er malt zu gern seine Erlebnisse bis ins kleinste Detail aus. Manchmal weiß man nicht so genau, ob es sich tatsächlich so zugetragen hat. Erzählt er lustig, schaut man darüber hinweg. Nur, wenn er einem die Geschichte zum ...zigsten Mal unter jubelt, schwoll der Hals leicht an und man hat `ne Herausforderung, stumm und höflich zu bleiben. Tief durch atmen.

Nicht nur Onkel Paul, nein, viele erzählen gern über Dinge, die daneben gehen, die Ärger verursachen, die andere zu "Fall" bringen, „Action" mit negativen Ausgang Warum? Bis dato fehlte ihr das Wissen. Sie spürt Abneigung, solche Storries sich immer wieder anzuhören. Wie ein alter Film, der auf Beifall hofft, auch noch, wenn ihn keiner mehr braucht. Jetzt erkennt sie Zusammenhänge, versteht anzuwenden und sammelt täglich neue Erfahrungen.

Paul hat schlechte Laune und in dieser Stimmung begrüßt er Lisa. „Na, du hast gut lachen in deiner sonnigen Jugend. Ich habe es gewusst, dass ich für diese Aufgabe zu alt bin und es schief gehen muss". "Onkel Paul, du ziehst ja gerade Ärger und Misslingen an, wenn Du so sprichst!" Paul murrte: „ Was verstehst Du schon davon?"

„Was ist das für ein Projekt, wie stellst du dir das Ergebnis vor?" nahm Lisa die Unterhaltung mit ihm auf. Paul staunt und freut sich über Lisas Interesse. Er denkt nicht großartig nach, sondern fängt an, Lisa von seiner Idee zu berichten. Er steigert sich in seine Vision hinein, glüht vor Begeisterung bei dem Gedanken, vielen Menschen mit dieser Erfindung Gutes zu tun und gönnt sich dabei selbst ein starkes Gefühl, ein Schulter klopfen, ein Gefühl von Selbstwert. Ja, das ist es, was er empfindet und was ihn vorwärts treibt. Wenn da nicht sein bester Kumpel mit dem Kopf geschüttelt hätte.

„Na Paule, ist wohl `ne Nummer zu groß für dich. Überlas das mal „Anderen", ich kann mir deinen Erfolg nicht vorstellen!"

Lisa schluckt. Onkel Paul stolpert, weil ein „Anderer" ihm seine Vorstellungskraft aufdrängt. Mit Mut und Vertrauen zu sich selbst, hätte ihn niemand aus gebremst.

„Onkel Paul, was fasziniert Dich daran? Wie viel nicht Gelingen planst du ein"? Bei dieser Frage schmunzelt Lisa. Paul verstand und grinst. „Ich bin felsenfest überzeugt, es klappt. Wozu soll ich mir etwas vorstellen , was ich nicht möchte?"

„Genau, und warum lässt du zu, dass es ein anderer für dich tut?" Kurze Pause.

„Stimmt." Wieso eigentlich?" Paul stellt sich zum ersten mal Fragen. Lisa drückt ihm ein Buch in die Hand. Die Macht der Gedanken, die Kraft der Gefühle. Paul holt Luft und sagt mehr zu sich, als zu Lisa. Wenn da was dran ist, habe ich mir den ganzen Mist immer selbst eingebrockt. Da steckt doch bestimmt noch mehr dahinter. „Lisa, damit hatte ich bis jetzt nichts am Hut. Aber, meine große „Göre",Respekt...
„Man muss ja mit der Zeit gehen", sonst „geht man mit der Zeit". Und nun ?!" Lisa freut sich. Er wird erkennen, verstehen, danach handeln, es selbst erfahren.
Lisa leistet bewusst Hilfe zur Selbsthilfe. Sie beschloss als „Anstoßer" vom Dienst zu funglelen. Dann reicht ein Hinweis, eine „Gehilfe", den Spaß des Laufens überlässt man jedem selbst. Bei diesen Gedanken fühlt sie sich pudelwohl.

Ihr großer Bruder liebt das „Chaos". Er hat seinen Berufsabschluss, eine Anstellung auf Zeit. Lässt sich ungern auf Dauer verplanen. Liebt es, spontan sein Leben selbst zu gestalten. „Nein" sagen, fällt ihm schwer. Sein Standardgruß, „Mir geht es heute blendend." Lisa fühlt, das stimmt so nicht. Zwischen Wort und Ausstrahlung klaffen Welten. Scheinwelten!

Lars ist nicht ehrlich zu sich selbst. Ob es ihm bewusst ist? Sie wartet auf einen günstigen Zeitpunkt, mit im darüber zu reden. Sonst verpufft es. Ihr Bruder würde wütend über sich selbst weg rennen. „Ungeduld" ist ein schlechter Ratgeber. Der Verstand will sofort klären. Das Gefühl bestimmt, entweder hält es zurück oder legt uns die richtigen Worte in den Mund. Manchmal staunt man selbst darüber.

Es ist Freitag. Lisa ist in Party Laune. Auch wenn ihr Tag ausgefüllt ist, arbeiten, einkaufen, aufräumen, beflügelt sie der Gedanke an einen schönen Abend, den ganzen Tag. Sie ist in Hochstimmung und genau dieses Gesicht sieht sie im Spiegel. Dorothè, ihre Mitstreiterin, hat heute auch zur Party geladen. Lisa hat das Gefühl, Dorothè ärgern die Vorbereitungen und sie vergisst dabei die Vorfreude auf ihre Gäste. Sie hat wohl die falsche CD in ihren Kopf aktiviert, statt zu singen, flucht sie. Da wäre ich lieber kein Gast. Wird Dorothè ihre Gäste locker und ehrlich erfreut begrüßen? Ich wünsche es Ihr.

Lisa` s Gäste trudeln langsam ein. Sie freut sich auf jeden Einzelnen. Herzlich, ohne aufgesetzte Freundlichkeit, ohne zurechtgelegte Worte, gibt sie allen das Gefühl, willkommen zu sein. Es passt.

Jetzt kam Lars. „Blendend". Diesmal hat er wohl vor`m Spiegel trainiert. „Strahlemann" - Lächeln. Lisa denkt, na, wie lange würde er sein Gesicht so halten können? Hoffentlich fällt es dann nicht in sich zusammen! Bei diesen Gedanken prustet sie los. Ertappt. Ihr Freund, ihr Ego, wollte sie im Denken verführen. Na, erwischt. Nischt passiert, außer da capo über Lisa`s Lachanfall. Eine tolle Party, Super Atmosphäre. Lars klopft Lisa auf die Schulter und bedankt sich für die schönen Stunden. Lisa klappt kurz der Mund auf. Sie holt Luft und fragt, was ihm so gut getan hat. Lars war erstaunt über diese Frage. „Hmm, alles." Lisa bohrt weiter. Alles, auch der versalzene Nudel Salat. Lars grinste. Na, der nun nicht. Ich hab` mich einfach wohl gefühlt, vor allem in Deiner Nähe. Kann es Dir nicht erklären. Lisa lacht ihren Bruder an und dankt für seine Worte. Sie fragt ihn, ob er sich vorstellen kann, nicht nur „blendend" zu sagen, sondern sich auch blendend zu fühlen. Macht ihn aufmerksam, das der Gesichtsausdruck, Spiegel der Gedanken ist. Das er sich so sieht, wie er denkt.
Lars schüttelt mit dem Kopf und fragt leicht gereizt, woher sie diese Weisheiten hat. Eigene Erfahrungen, Beobachtungen.

Ärgere Dich über etwas und versuche zu lächeln. Lars probiert, um seiner kleinen Schwester zu beweisen, dass er mit schlechten Gedanken freundlich grinsen kann. Fehlgeschlagen. Der Schubs trifft punktgenau. Jetzt ist Lisa neugierig auf seinen Weg. Seine Lebenseinstellung, einfach leben, alles ran kommen lassen, passt wie die Faust aufs Auge. Jetzt muss er noch das Gefühl ins Spiel einbringen.

Mit dem Wissen wird er seine kreativen Gedanken realisieren. „Nein sagen", ist ehrlich, wenn er sich dabei gut fühlt.

Lisa dankt sich immer öfter, diesen Weg für sich entschieden zu haben. Auf sein Bauchgefühl hören und darauf verlassen. Zweifel hat sie längst über Bord geworfen. Sie weiß, sie ist auf dem besten Weg, dem Herz die Führung zu übertragen und den Verstand bewusst zu lenken. Selbst Ausrutscher entlocken ihr ein Lächeln, sie grübelt nicht, bedauert nicht. Ihr Verstand wundert sich noch, wie alles zueinander passt, doch zurück ins alte Denken, will er nicht wieder. Es ist einfach und schön, mit wenigen Worten, Menschen anzuregen, über ihr Leben nachdenken. Sie ist bereit, diesen Menschen die Hand zu reichen.

Toll, wie Gedanken und Gefühle unser Erleben steuern.

Lisas Eltern leben seit einigen Jahren getrennt. Mein Gott, war sie wütend, als sie sich von einem Tag auf den anderen den „Laufpass gaben", um eigene Wege zu gehen, Neue Ideen verwirklichen, neue Erfahrungen sammeln. Jetzt wusste sie. Entscheidungen aus dem guten Gefühl, sind im Rückblick immer ein Gewinn für die Beteiligten. Es ist der Verstand, der kämpft, der leidet. Seine Gedanken verführen uns zur „Rache", bunt gemixt. Alles im Leben hat seine Zeit. Harmonie, Balance in der Partnerschaft, gibt es nur mit guten Gedanken, gutem Gefühl, aus dem Seelendenken. Wir haben immer die Wahl, dem Ego oder Gefühl zu folgen.

Heide Witzka, Herr Kapitän. Das ist eine Erkenntnis. Das sagt ihr Opa immer, wenn er vor lauter Glück staunt, auch heute noch, mit seinen 85 Jahren. Bis heute ist er neugierig geblieben. Lesen, basteln, informieren, ja selbst der PC lässt ihn nicht kalt, das gibt ihm das Gefühl, noch im Leben zu stehen. Er grübelt nicht, sitzt nicht in Lauerstellung auf seine eigene „Endzeit" wartend. Er freut sich über Kleinigkeiten, einfach noch dabei zu sein. Lisa lockt ihn manchmal heraus. Drückt ihn Bücher in die Hand, redet mit ihm.

Nach der Trennung machte sich Lisa`s Vater selbständig. Er gründete mit zwei „Verrückten" eine eigene Firma. So sehen sich die drei lebenslustigen Mitte Vierziger. Ihre Idee ist neu und muss sich erst in den Köpfen der Menschen Platz schaffen. Im wahrsten Sinne des Wortes. Altes raus und Neues rein. Das ist häufig `ne Zangen Geburt. Das Alte klemmt, drückt und will nicht weichen. Sie sind so begeistert, so beherzt, dass die Menschen zu Ihnen kommen. Eine gute Basis, einander zu vertrauen und ein Verhältnis aufzubauen.

Die Firma von Paps, wie sie ihn noch heute liebevoll nennt, hat sich erfolgreich etabliert. So, wie sie es sich ausmalten, wie sie es sich erträumten. Sie hatten nie daran gezweifelt. Über ihre Kreativität staunen sie oft selbst untereinander. Jede Idee hat die Chance auf leben. Nichts ist für sie unmöglich. Sie sonnen sich geistig im Ergebnis. Ehrlichkeit verbindet die Drei. Lisa fragt ihren Paps, was sie auf all den Veranstaltungen, die sie besuchen, übermittelt bekommen? Ob es ihnen hilft, erfolgreich zu sein? Er schmunzelt. Das wäre sehr schön, wenn es so wäre, Lisa. Wir hören dort kein Fachwissen. Weißt Du, alles steht in Büchern. Für knifflige Sachen gibt es genug Fachpersonal.

Mit unserer Selbständigkeit haben wir eine Standortbestimmung gemacht. Wir stolperten über Erfolgsdenken, bewusstes Handeln, über Dinge, die uns bislang fremd waren. So zog es uns auf diese Seminare, Veranstaltungen. Die Sprecher haben mit ihren Worten in uns ein gutes Gefühl geweckt, ein Gefühl, dass alles funktionieren kann, wenn man daran glaubt, sich selbst vertraut und die eigenen Wünsche nicht dem Denken anderer unterordnet. Wir hatten oft sehr viel Spaß in der Gemeinschaft, deshalb sind wir immer und immer wieder hin gefahren. Eigentlich des guten Gefühl`s wegen. Verstehst Du, was ich meine?

Fünkchen:
Diesem Lebensgefühl laufen wir ständig „hinterher". Es ist unser Ursprungsgefühl, Liebe pur. Für dieses Gefühl sind wir (unser Ego) bereit, alles zu tun, koste es, was es wolle. Wir Selbst sind das Gefühl und der Verstand ist „gierig" darauf. Er sucht im Außen, nicht wissend, dass wir es selbst erzeugen und auf Dauer halten.

Eine Gänsehaut läuft durch ihren Körper. He, was ist das? Lisa spürt körperlich die Bestätigung der Wahrheit. Wow.

Sie strahlt mit Paps um die Wette. Wer das Salz in der Suppe findet, spürt es. Wer von der Suppe isst, strahlt. Was bewirkt ein Strahlen? Es wärmt jeden, der davon angestrahlt wird. Er fühlt sich wohl und kocht sich sein eigenes Süppchen...

Fünkchen:

Du kannst überall hinfahren, Dich von zu Herzen gehenden Reden angenehm berühren lassen. Du kannst Meterweise Bücher verschlingen! Erst wenn Du selbst ins Tun kommst, Dein Gedankengleis wechselst, bewegst Du etwas. Auf den alten Gleisen sitzt Jolli am Schalthebel, „alte" Energie, die Dich ausbremst und das Salz in der Suppe vor Dir versteckt.
Das neue Gleis baut sich auf dem Wissen um unser wahres Sein und dem Sinn des Lebens auf. Du verlegst die Schienen im vorwärts gehen. Das heißt, Vertrauen und Glauben. Du siehst in der Vorstellung das Endergebnis. Weißt, Alles tritt goldrichtig in Dein Leben. Diesen Weg gehst Du in Deinem Sicherheitsgefühl. **Trainiere**, Dein **Ego zu verstehen**. Erst dann gelingt der Sprung auf das andere Gleis. Erst dann!

Lisa ist diesen Weg ein Stück gegangen.

Mit ihrer Mam, wie sie ihre Mutter liebevoll nennt, hat sie eine tolle Beziehung. Sie tauschen ihre Gedanken aus, stehen sich nicht im Weg, auch wenn Entscheidungen nicht im Einklang sind. Sie fühlen, besser bei Bedarf helfen, als es dem anderen auszureden. So arrangieren sich beide im Guten, seit Lisas Kindheit. Über alles reden, zerreden, grübeln, ist nicht immer die Lösung. Zuhören, das Gefühl geben, da sein, wenn es brennt, ist viel wichtiger. Mams Lebensmotto ist, „ich schaff das schon, bloß nicht verrückt machen lassen, mir fällt schon das Passende ein." Jetzt weiß Lisa, dass ihre Mam intuitiv genau richtig liegt. Am Ende hat immer alles funktioniert und die „Beulen" sind schnell vergessen. Deshalb schmunzelt Lisa bei den Gedanken über Mams Ego. Es gehört wohl einer ganz besonderen Sorte an. Es ist so subtil, dass Lisa tatsächlich eine Weile glaubte, sie hätte es schon in die Wüste geschickt. Sie lacht über den Vergleich. Ego hat sich als Dromedar getarnt, von wegen Wüste, mal präsent, mal Fata Morgana. Lisa`s Mam wird oft von ihm überrumpelt. Ego ist ein schlauer Bursche. Sie nickt, beschließt, gemeinsam mit Lisa zu trainieren, es zu bändigen. Es klappt, mit dem gefühlsmäßigen „Denken".

Sie beobachten ihre Gedanken, Gefühle, die ausgesprochenen Worte und die nicht ausgesprochenen. Lebt man aus dem roten Feld, schickt die Seele sichtbare Bestätigungen für das Ego, Menschen, Ereignisse, Quellen, über die man „zufällig" stolpert. Lisa vertraut, die Seele überlässt nichts dem „Zufall", sie ist das Zufallende selbst.

Sie denkt an Dorothè. Ob sie je Etwas davon gehört hat? Sie sieht alles schwarz, kompliziert, ist mit Vielen unzufrieden. Mit sich selbst, ihrem Umfeld, ihrer Arbeit...
Jeden Tag nörgelt sie über ein Thema „X". Oje, ihr Ego hat sie voll im Griff. Ja, aber, wenn...ist ihr Lieblingssatz. Was für` n Miesepeter? Lisa weiß, es kommt ein günstiger Augenblick, ihr auf die Sprünge zu helfen. Ihre Seele hockt sicher in einer Ecke, möchte „gehört", gefühlt werden. Lisa muss den Weg vorbei an Ego „Jolli" gehen, damit Ihre Worte Widerhall finden. Da ist sie also, die Gelegenheit. Dorothè rauscht in den Computerkurs. Kaum Luft geholt, legt sie auch schon unsortiert los. Über was sie sich alles bei ihrer Party, in Haus, Hof, Garten, Familie geärgert hat. Wie elend sie sich fühlt und wenn das so weitergeht, liegt sie morgen krank im Bett.

Lisa hat ihr freundlich zugehört und fragt glasklar: „ Worüber hast Du Dich in den letzten Tagen gefreut? Ruhe. Dorothè bleibt der Mund offen. „Ich?" „ Ja, wem hast Du angelächelt? Was hast Du Dir Gutes getan?" Dorothè senkt die Augen. „Na, nix von alledem. Mir ist nicht zum Lachen. Und was soll ich mir Gutes tun. Und warum soll ich jemanden anlächeln"? Sie schüttelt den Kopf. Was für Fragen! Die hat ihr noch keiner gestellt. Lisa sah sie mit großen Augen an, so als wollte sie den Dingen auf den Grund gehen. „Du brockst dir die Suppe selbst ein. Auslöffeln oder entsorgen, was ist dir lieber"? Sie schaut fast traurig und gibt zu verstehen, dass sie nicht weiß was sie will. Lisa fragt sie nach ihren Wünschen. Aua, auf dem linken Zeh erwischt. „Ich komme mit nix klar, nun soll ich mir noch Gedanken über meine Wünsche machen". Das war ein Zacken zu viel. Lisa nahm sie in den Arm. Da liegt also der Hase im Pfeffer...!

Fünkchen:
Wie kampfbereit stehen wir unseren Alltagssorgen gegenüber? Lisa hat sich aus diesem Muster befreit, man spürt es in ihrer Nähe, man fragt gern nach...
sieht die Erfolge und möchte wissen.

Lisa fliegen die Gedanken nur so zu.
Ein Feuerwerk vom Feinsten, geistige Knaller...Lichtblicke am laufenden Band.
Es spielt keine Rolle, wer und was ein Mensch ist, was er kann und was er will. Solange er sich seinen Lebensumständen entgegenstellt, bleibt er darin stecken, ohne wenn und aber. Egal, ob er sie als gut oder schlecht empfindet. Wir „müssen" uns keinem Denk – und Verhaltensmuster unterordnen – keiner. Jeder kann sich für seine eigenen Muster entscheiden. Dies erfordert oft Mut, Courage, den eigenen Gedanken zu folgen. Fühlen sie sich gut an, ist es die richtige Wahl. Unterordnen, erzeugt negative Energie, die man als Quittung zurückerhält. Keinem ist dabei gedient. Freiheit ist, sich selbst zu leben.

Es gibt..zig „Strickmuster", nach denen wir leben und uns damit einen interessanten Erfahrungsschatz bescheren.

Wir verleihen ALLEM die Bedeutung, die wir darin sehen oder sehen wollen.

Das folgende Menü enthält jede Menge Zündstoff. Es lädt ein, nach Lust und Laune es mit eigenem Gedankengut zu würzen. Von Jedem selbst hausgemacht, serviert, probiert, gut verdaut. Mahlzeit.

Fakten, rot-blau Gemischtes ALLERLEI.

Menschliches Allerlei - ALLES Hausgemacht...

Wir Menschen **fühlen** uns verbunden, weil wir miteinander verbunden sind. Energie! DAS **wissen** wir im „Grunde unseres Herzens". Wir leben diesen Fakt über unser Kollektivbewusstsein. Wir leben „Gemeinschaften". Wir alle pflegen miteinander **Beziehungen.** Wir sind immer durch **Geben & Nehmen** vernetzt, befinden uns ständig in Resonanz.

Es ist ein **Geschäft.** Es ist Geben – Nehmen, „geschäftliches" Leben.

Geist & Seele vernetzen uns untrennbar miteinander, ein Orchester par exellence. Verstand und Körper sehen sich als Solist prelierend, spielen mit anderen Solisten.

Wir fühlen uns wohl, irgendwo, irgendwie, dabei zu sein, mit zu mischen, **ein Teil zu sein.** Das **gute Gefühl** sagt, so fühlt sich **natürliches Sein,** an. Sagt, das es so ist, wie es ist. Die Seele schickt uns keinen Gedanken, der sich schlecht anfühlt. Nie. Es spielt nur eine „menschliche" Rolle, ob es materielle, geistige, körperliche...Dinge sind. Sie führen zusammen, sie halten uns einander fest, sie trennen uns wieder.

Die Verknüpfung dieser Varianten und der daraus resultierende Erfahrungsschatz ist grenzenlos. **Alles** im Menschlichen Allerlei i**st Energie ohne Einschränkungen.** Wir haben alles selbst „erdacht" und im blauen Feld „zu Papier gebracht". Alles. Wir wollen das Leben immer verstehen. Doch das **Leben ist ein gefühltes Etwas.**

Wir leben Glaubensmuster seit „ewigen Zeiten", seit Menschengedenken. Wir geben sie weiter, von Epoche zu Epoche, von Generation zu Generation. Sie sind unser Werkzeug für` s Menschliche Allerlei. Wir hinterfragen nicht, wir sind „hinein geboren", übernehmen, glauben, machen diese Sichtweisen zu unseren eigenen, trauen uns nicht, den Blickwinkel zu ändern. Bleiben dabei, auch wenn wir uns unbehaglich fühlen, im Widerstand mit „alten Verhaltensmustern" sind. Wir wollen nicht im Abseits stehen. Das Ego hat seinen Ursprung vergessen. Ein Dasein im Abseits tut ihm weh, ist unerträglich. Neue Erfahrungen bedürfen neuem Gedankengut. Neues Gedankengut erschaffen wir selbst. Eine neue kollektive Sichtweise, ist das Resultat einer neuen Idee, eines neuen Glaubens. Wir sagen, in blau, steter Tropfen höhlt den Stein und meinen in rot, genau diesen neuen Weg.

Es gibt für Alles einen Ersten und ein Erstes mal. Wir bewegen alles Selbst.

Fischen wir uns einige Zutaten heraus..

Wie „wichtig" sie sind, welchen Stellenwert sie haben, wie wir damit umgehen, ob wir sie bejahen oder verneinen, dies alles, ist hier und jetzt kein Thema. Es sind einfach Zutaten im menschlichen Spiel. Das letzte Wort hast Du, gedanklich, gefühlsmäßig mit ihnen zu spielen oder... auch nicht.

Alle negativen Emotionen bewegen Dinge, Ereignisse, Menschen, die Beziehungen ins Wanken und zum Scheitern bringen... Springe ich gedanklich ins rote Feld, bedingungslose Liebe, bewegen diese Emotionen, Dinge, Ereignisse, Menschen, die Beziehungen lebenswert gestalten......

Der entscheidende Fakt im blauen Feld ist unser lebender Trennungsgedanke.

Wir teilen unsere Lebensbereiche auf. Hier sind einige...
Beruflich & Privat
Dienstlich & Familiär
„Rein geschäftlich & rein privat"

Wir teilen unser gesamtes Betätigungsfeld auf, z.B. Wirtschaft, Politik,Wissenschaft, Umwelt, Finanzen, Erziehung...

Wir unterteilen in Familie, Verwandte, Bekannte, Freunde, Fremde, Kollegen, Vorgesetzte, nach Glauben, Rasse... Leistung, Vermögen....Wir unterteilen nach Äußerlichkeit, nach einem selbst erdachten Wertesystem, nach Mustern aus unserem kollektiven Denken, nach Traditionen... usw. Teilen in Minderheiten und Mehrheiten. Nach Land und Leute.

Menschen, mit denen wir Tisch und Bett teilen, oder nur Bett, oder nur Tisch oder je nach Lust und Laune...! Wir sind ein großer „bunter Haufen Menschen". Das wahre Selbst und wir selbst haben für´s Lebensspiel, viel Großartiges ausgedacht.

Unserer Seele, als „Handlanger", ist dies alles egal. Sie weiß, jedes „Gegenüber" hat nur eine andere Tarnkappe. Der Verstand unter der Tarnkappe kann von jetzt auf gleich entscheiden, alles zu ändern, z.B. alles Leben zu lieben, Verständnis, Achtung, Respekt. Warum nicht? Wenn` s schief geht, leidet das menschliche selbst, das personifizierte Ego. Es lenkt clever von sich ab, indem es alles auf die Seele produziert. Uns sagt, dass sie es ist, die leidet. Macht es uns glaubhaft in Sprüchen, Formulierungen... Unser „Seelenleid" ist überall versteckt.

Leid ist blaues Feld-Spiel. EGO „Jolli".
Die Seele ist reine Liebesenergie, ENI.

Sie schickt uns Freudentränen, prickelnde Körpergefühle, die Kraft der „Umarmung". Gefühle, nach denen wir süchtig sind.

Warum sind wir „überwältigt", wenn wir gemeinsam Gutes bewegen... Ereignisse, die uns zusammenschweißen, in guten und in schlechten Tagen, im wahrsten Sinne dieser Worte?

Warum schießen uns Freudentränen in die Augen, wenn sich das Leben wie im „Märchen abspielt?

Warum bekommen wir „weiche Knie", wenn wir Ehrung erfahren, Anerkennung, Lob, Menschen uns in die Arme nehmen, Konflikte sich in Wohlgefallen auflösen, wir helfen konnten, wir das Gefühl genießen, Gutes zu tun, warum...?

Warum atmen wir erleichtert auf, wenn wir erleben, dass die Wahrheit endlich ans „Licht kommt", ausgesprochen wird ?...

Es ist die Seele, die uns streichelt, die uns „zuruft"..., du bist im wahren Sein.

Dieser Satz sagt alles. Wir wollen immer die Wahrheit leben, die da ist, wir sind Eins. Gedanke und Gefühl aus ENI.

Ignorieren wir es, leiden wir. Glauben wir es, jubeln wir. Probiere es aus.

Leiden wir, schickt uns die Seele ebenso Tränen. Doch jetzt empfinden wir ein überwältigendes Gefühl der Trauer. Es hat die Kraft, dass wir erstarren, geistig und körperlich. Das Ego ist pure Angst und die Seele klopft an, uns zu erinnern, wer wir sind. Die rote Seite streichelt, die blaue Seite ist im „Außen" vor. Unser Verstand arbeitet ständig, Energie ist immer aktiv. Was geschieht, wenn er in Resonanz ist, ohne bewusstes Registrieren. Wir erleben es im täglichen Zusammenspiel. Ein Spiel, das großartig und traurig zu gleich ist. Wir haben immer die Wahl, ob wir wissen oder nicht. Wir spielen blau in blau oder von rot nach blau. Sind wir im roten Bewusst Sein erleben, genießen wir Erfahrungen im blauen Feld, bewusst und aufs Feinste. Das Ego fühlt sich ebenso wohl. Ein Zustand, den „Jolli" beginnt, zu lieben.

Personifizierte Liebe ist ein Gefühl von Besitz, Verbundenheit, Gemeinsamkeiten. Ab dem Moment, wo wir dieses Gefühl in die Pflicht nehmen, ist es weg. Warum? Wir, Ego, knüpfen Bedingungen daran. Resonanz heißt, im Geben liegt Nehmen.

Ich kann nur geben, was ich geistig bin, was ich bereit bin, zu leben. Was ich fühle. Der Begriff „Trennung" löst in uns negative Gefühle aus. Ein Wust von Gedanken und Erfahrungen im kollektiven Verhalten ist der Grund. Seit „Menschengedenken"gibt es das Spiel „Bäumchen wechsle Dich". Und...warum ist es so, wie es ist? Wir wissen und fühlen die Antwort. Leben ist Veränderung, immer auf der Suche nach anderen Erfahrungen. Deshalb sind wir hier. Sichtweisen, Glaubensmuster... können vielfältiger nicht sein, als zu diesem Thema, geschichtlich weltweit. Im Leben hat Alles hat seine „Zeit" und es braucht alles seine „Zeit". Genießen wir doch einfach diese „Zeit". „Rot" gesehen, einfach eine Zeit voller Erfahrungen. Reine Verbundenheit ist Vertrauen, ist Ehrlichkeit, manifestierte Liebesenergie. Die Chancen, in gewohnter Atmosphäre, in gleich bleibender Partnerschaft, das Leben zu genießen, entscheiden wir aus unserem wahren Wissen. Bedingungslose Liebe. Sind wir bereit, so zu lieben?

„Echte Freundschaft" in jeglicher Partnerschaft ist ENI in Resonanz.

Jede Beziehung hat die Chance, eine **Freundschaftliche Beziehung** zu SEIN.

Es liegt am Sein der betreffenden Partner, im kleinen wie im großen „Spielkreis". DAS SEIN, Gedanken&Gefühle in Action.

Wir sagen...Komm, lass uns Freunde sein! Dieser Satz verbindet uns mit ENI pur. Der Begriff **Freundschaft** ist **Freunde schaffen** und erschaffen ist schöpferisch, (geistig) etwas Gutes tun und manifestiert es so erleben. Dieses Wort ist mit guten Gedanken belegt, im Ursprung. „Jolli „ist es, der Schwankungen hinein interpretiert.

Mit dem Satz, „na, du bist mir schon ein schöner Freund..." trifft er die Kehrseite der Medaille. Dieser Satz verbindet sich mit „unguten" Gefühlen, mit Unehrlichkeit. „Jolli" spielt blau, scherzhaft „hau mich blau". Wahre Freundschaft beginnt im roten Feld. Sie liegt einen „Katzensprung" von blau entfernt, zum Greifen nah.

Sex ist wie ein gutes Menü. Du bestellst es, wenn Du Appetit verspürst. Es ist das Verlangen, unser wahres Wesen, das was wir sind, manifestierte Liebesenergie, zu spüren, in Handlung zu erfahren. Sex ist ein körperlicher Ausdruck. Ein Geschenk. Es ist die **schönste Sache** der Welt. Eine Schöpfung, im menschlichen Miteinander.

Handeln auf Gedanken und Gefühle.

Negative Erfahrungen kommen aus der Gedankenvielfalt unserer Verstandes. Unsere Fantasie kennt keine Grenzen. Wir selbst fühlen uns nur wohl, wenn die Resonanz stimmig ist. Körperliche Nähe aus dem Seelendenken, ENI in Reinkultur. Geben und Nehmen. Unser Körper ist Handlungsträger, nach Lust und Laune genießen, ob rot, ob blau. Sind wir uns dessen bewusst, leben wir das Geschenk.

DAS GEFÜHL, für das wir ALLES tun...

Darin liegen Gedanken, der Leidenschaft, Sehnsucht, Verlangen nach..., Hoffnung. Wieder ein gut durchdachter Schachzug vom Ego. Wieso? In diesen Worten liegt die Resonanz blaues Feld. Erfahrungen, auf die wir verzichten können. Wie fühlen wir uns, wenn wir in diesen Worten sitzen? Leiden – schaff(en)t, Sehn – Sucht, nach.. Verlangen – Leere, „Etwas" nicht Haben. Machen wir diese Gefühlswelt zum Dreh- und Angelpunkt in unseren Beziehungen, dann leiden wir, sind süchtig, ständig auf der Suche nach Erfüllung. Wir wollen fest halten, besitzen, fühlen uns unvollständig, wissen nicht, WAS wir suchen, glauben, hoffen, immer wieder aufs Neue, es jetzt gefunden zu haben. Im HABEN sein, ist **LUST am Leben, pures Lebensgefühl.**

Schönheit, ein Wort für die äußere Hülle, Körper-Form. „Schönheit ist vergänglich". Zweideutiger Sinn, körperlich, biologisch, und geistig. Wir ändern die Sichtweisen, haben neue Schönheitsidole, nach dem Motto, „Schönheit ist Geschmackssache". Wir lieben das Spiel mit der Schönheit... „Schönheitsidole", sind Aushängeschilder kollektiver Erfahrungen, vom ich zum wir.

Wer **schön Sein** will, muss **Fühlen**. Wir fühlen, erfühlen den Zustand Schönheit. Das Wort „Schön" verbinden wir mit guten Gedanken, im Gefühl von ENI. Wir sind sehr kreativ, wir schaffen uns unzählige Gelegenheiten, Schönes zu erfahren. Ein tolles Werkzeug ist der Wellness Bereich, ob privat, im kleinen, im großen Stil, spielt keine Rolle. Es zu genießen, sich selbst gutes Tun, erzeugt geistige – körperliche Harmonie. Ein Bedürfnis, gesteuert von unserem Selbst, das seinem Körper, Geist und Seele, ein Gefühl des Wohlbehagens verschafft, sich damit Selbst lebt, erfährt. Wir „schleichen" um dieses Gefühl, wie die Katze um den heißen Brei, jo,so isses. Was ist gut für mich, kann, soll, darf ich...? Schönheit ist der Inbegriff für angenehme Dinge, die wir uns Selbst gönnen, immer des guten Gefühls wegen. Kunst, Kultur, Kreatives, Mode, Kosmetik, Freizeit u.v.m.

„Jolli" spielt mit diesem Satz ein anderes Lied. Z.b.Wer schön sein will, muss leiden. Lese-ratte, Kunst-banause, Mode-freek,.. das Ego belegt die zweite Worthälfte mit für uns negativ behafteten Begriffen. Wir haben die Wahl, diese Wörter im positiven Sinn einordnen oder einfach zu ersetzen. Z.B. Kunst-Liebhaber. Ersetzen fällt Jolli leichter, ist bequemer. Begriffe strahlen in ihrer Energie. Wir fühlen die Schwingung, reagieren entsprechend. Der Verstand ist schon ein Schlingel. Er schickt uns in den „April" und wir fallen doch glatt darauf rein, bis alle Aprilscherze uns nach und nach, ihre wahre Seite zeigen. Kein Scherz geht uns je durch die Lappen. Die Wette gilt.

Innere Werte zählen, wir sagen dies und meinen,(fühlen), die **Ausstrahlung** eines Menschen. Die Anziehung, eine magische Kraft, die von jedem ausgeht. Ein rundum sorglos Paket geht von einem Menschen im Sicherheitsgefühl aus, er ist für Andere ein Glückslos. Unterdrücken wir unsere Gefühle, sind wir ein „Eisblock", „tot", stur im Verstand, rührt sich nix. Wem ist es fremd?, wenn Menschen „gefühllos" aus dem blauen Feld hantieren. Wir spüren es, ein „ungutes" Gefühl beschleicht uns. Energie ist blitzschnell, wir können in jedem Moment, ein völlig Anderer sein.

Was bleibt ist die Liebe. Stimmt, unsere Ursprungsenergie, ENI, das, was wir sind, bleibt. Wo soll sie auch hin ?!

Intelligenz ist die Bezeichnung für unser angeeignetes Wissen, der individuelle PC, die Vorratskammer „Verstand". Jeder hat seine Lagerhaltung, eigene Programme, seine genutzte Kapazität, die mögliche Zugriffsgeschwindigkeit, jeder trifft selbst die Entscheidung, was er damit „anstellt". Das Ego hat Orientierungen erschaffen, Intelligenz zu vergleichen, zu bewerten, sich selbst zu beurteilen. Darin sind wir „Geister unschlagbar". Da bleibt einem schon mal die Spucke weg. Selbst „Jolli".

Dieses Wissen ist unser **Gedankengut fürs menschliche Leben.** Jeder gelebte Gedanke im Ausdruck der Erfahrung, für uns dokumentierte Handlung. Wissen in manifestierter Form. Wir „entdecken, erfinden, ordnen es in Zusammenhänge. Wir speichern ab, nutzen, benutzen es. Welch umfangreiches Wissen haben wir uns frei geschaufelt. Wie kreativ sind wir, Dinge zu „erfinden", ALLES angenehmer, spannender, zu gestalten. Wir ordnen sie unter Errungenschaften ein. Er-rungen-schaf(t)fen, wir ringen um, schaffen neu.

Technisch Großartiges, Dinge, die uns sichtbar vernetzen, das Gefühl von Nähe vermitteln, wir beschreiben es mit ... die Welt rückt zusammen, in allen Bereichen. Da ist es wieder, das gute Gefühl, friedlich sich näher zu kommen. Geistig&Territorial. Tausende von Kleinigkeiten reihen sich aneinander, sichtbar, greifbar, unsichtbar. „Welch wunderbare Welt", sagen wir und meinen, alles ist möglich, Jetzt mit uns.

„**Wunder**" sind Dinge, Ereignisse, die hinter der Grenze des Verstandes" ihre Erklärung finden", sind nicht aus dem Verstandeswissen. Wunder sind **etwas „Außergewöhnliches"**, außerhalb vom gewohnheitsmäßigen Gedankengut, dem Erfahrungsschatz, dem Erfahrungsfeld.
Das Spiel im blauen Feld ist gigantisch. Wir spielen als Menschheit in „Zeit und Raum"...Wissen und glauben wir bewusst, entfällt alles wundern, wir vertrauen uns, den Gedanken, dem Gefühl. Wir fragen uns Selbst und antworten uns selbst.

Jetzt ist der Moment der Entscheidung.
Wir treffen nur im Jetzt Entscheidungen, für Gedanken, Worte, Handlungen.
Auch wenn sie sich „Zeit" lassen, für eine Entscheidung, getroffen wird sie in einem einzigen Moment, Dem Jetzt-Moment.

Greifbar gibt es nur diese Lebens „Zeit".
Vergangenheit ist der Jetzt-Moment von
eben, gestern, vorgestern, damals.
Zukunft ist der kommende Jetzt-Moment.
Geistiges Sein ist immer der Moment, das
Jetzt, den wir mit allen Sinnen erfahren,
erleben, gefühlsmäßig genießen. Unser
Leben ist eine Perlenschnur von Jetzt
Momenten. Das einzige was ich tue, ich
mache mir diesen Moment bewusst......

Ich müsste (mal) etwas tun..., ich werde
es tun..., ich muss mich entscheiden für...
sind beliebte Redewendungen, Floskeln,
wir beruhigen unser selbst damit, eine
vage „Entscheidung", die nichts oder sehr
wenig bewegt. Eine Lauerstellung für die
Energie, die sich in „hab acht", begibt und
freudig auf den Startschuss, wartet. Eine
klar formulierte Absicht, ich bin, ich habe...
ersetzt der Verstand durch seine Worte.

Die Erfüllung unserer Wünsche,Träume,
Vorstellungen, ist ENI „nur" in Aussicht
gestellt. Allein es fehlen das Kommando
und der Glaube , dass es funktioniert. Nur
der Wille zu bewegen, bewegt Nichts. Den
Glauben ans Gelingen, schalten wir damit
„klugerweise" selbst aus und den Glauben
ans Nicht-Gelingen bestätigen wir gerade.

Tolles Ringelspiel. Im Wollen liegt nur die Bereitschaft, etwas zu Sein und etwas zu Haben. Der Antrieb kommt aus dem Sein. Die Jetzt Absicht, das Sicherheitsgefühl. Ego schwebt im Sicherheitsdenken, mit gedanklichen Hürden, „aber...!? Nur im Sicherheitsgefühl lodert unser Verlangen, das Feuer nach wahrer Erfüllung. Unsere Redewendung, „in uns muss es brennen, um andere zu begeistern", heißt in rot, keiner spielt für sich allein, gibt allen Mitspielern das Gefühl, es passt schon.

Schauen wir noch auf weitere interessante Strickmuster. Folgendes ist meisterhaft vom Ego inszeniert, in Szene gesetzt. Formuliert das Ego angestrebtes Handeln, spricht es gern in der „Wir" - Form. „Blau" gesehen, meint **Der**jenige, **Die**jenigen, die im „Wir" sind, seltener sich selbst. Der es ausspricht, sitzt in Lauerstellung, geht in Erwartungshaltung, nach dem Motto, wir waren uns doch einig, was **wir** tun, warum habt ihr ist es noch nicht erledigt!? Clever. Die rote Seite weiß, das Strickmuster ist o.k. „Wir" sind eine **Spielergemeinschaft.** Sich einfach und klar ausdrücken, heißt, das liegt an, das wollen wir erreichen. Wer setzt es um? Wem liegt diese Aufgabe? Von rot gespielt, ergibt es sich im Gehen. Unsere Gedanken sind im Energiefluss.

Wir greifen die Gedanken untereinander auf, geistig. Setzen im guten Gefühl um. Solche Handlungen bringen Ergebnisse, Dinge, die im Jetzt genau ins Leben aller passen. Wir sagen, es erledigt sich wie von selbst. Genau das geschieht, von rot gespielt. Wir produzieren ständig neue Muster. „Jolli" probiert sie alle auf seine Art und Weise. Steht ihm das Wasser bis zum Hals, ist das Ego bereit, dem kreativen Gedanken eine Chance zu geben, die Klappe zu rot geht auf. Unser Verstand ist bereit, neue Strickmuster auf zu nehmen. Ist das Ergebnis in seinen Augen stimmig, behält er sie im Auge, bleibt ihnen treu, sie gehören ab jetzt auch zu seinem Leben. Es weiß noch nicht, dass alles Eins ist. Er spielt, von hinten durch die Brust ins Herz, und dort landet er im guten Gefühl. Bravo.

Absichtserklärungen sind die Summe von Entscheidungen. Wir treffen sie am laufenden Band, sie werden zur Realität. Ob **unkontrolliert,** ob **kreativ bewusst**, ob **aus** dem **Kollektivbewusstsein,** es sind Gedanken, die das Leben gestalten. Unbewussten (rein körperlich), bewusst (selbst) und kreativ (Seele). In Allem, was wir tun, haben wir uns gegenüber nur EIN **wahres Versprechen, ehrlich sein.** Das ist es, was uns allumfassend frei macht.

Selbstvertrauen ist, seine Kreativität im Seelengefühl umsetzen. Fehlt es, leben wir aus dem Sicherheitsdenken, wollen Alles um uns herum verstehen. Folge ist, die „Mutter der Porzellankiste", genannt, „Vorsicht". Ein Plan B, ist der vom Ego geschickte Zweifel am Gelingen des Vorhabens A. Er schickt „Ersatz", um ans Ziel zu kommen. Prima, damit führt er sich selbst auf` s Glatteis. Packen wir Plan A ins Sicherheitsgefühl bedarf es nichts, als Geduld bis zur Erfüllung. Plan B heißt, aus weichen, eine andere Weiche fahren, ein anderes Gleis, heißt, woanders landen. Im günstigsten Fall ein Mix aus A und B.

Das Ego spielt gern mit Bildern. Es schickt uns ständig selbst gebastelte und lenkt von der echten Vorstellung, vom Endbild ab. Das Selbst, ENI, zeigt uns immer das Bild der zuletzt getroffenen Entscheidung. Wir nutzen bewusst die Vorstellungskraft. Wir können dem symbolisierten Bild im Kopf blind vertrauen. Fühlen wir das Bild, ist es stimmig, es passt es zur Absicht. Es ist kein „Hokuspokus", kein „Hellsehen", es ist menschliches Funktionieren. Unsere Gedanken hören wir, sehen sie in Bildern. Jedes Erleben ist Kopfkino. Wir können in jedem Moment neu entscheiden und das tun wir auch. Wir wissen es und sehen es.

Gut zu wissen. Erzeugt es ein ungutes Gefühl, ist es an der Zeit, „um zu denken". In Rot bewusst sein und in Blau spielen. Probieren geht über studieren. Viel Spaß

Macht und Verantwortung ist ein riesiges Erfahrungsfeld. Macht haben über, Macht erkämpfen, machtlos, machtvoll...Wir sind nicht hier, um Macht über irgendetwas zu haben, es geht um Macht, zu erschaffen. „Jolli" hat aus dem Trennungsgedanken facettenreiche Machtspiele ins „Leben gerufen". Macht führt zusammen, Macht trennt. Haben und nicht Haben, Fülle und Leere ziehen sich an und stoßen sich ab... „Energie in Action".

Keiner kann Macht aus seinen Händen geben, egal, welchen Lebensbereich es betrifft. Wir Selbst sind Macht und Kraft, ob wir es wissen oder nicht, alles geht von einem Selbst aus, in Eigenverantwortung. Macht abgeben, übernehmen, besitzen, ist das Spiel im blauen Feld. Es schaltet komplett die Orientierung über das gute Gefühl aus, handelt außer Kontrolle, auch bis zum „bitteren Ende", für alle sich in Resonanz befindenden Partner. Es geht über die Grenzen hinaus, bis in „seinen Tod". Wir sagen, „Er bringt sich um seinen Verstand" und meinen „Jolli", in Persona.

Macht haben über, in Beziehungen, heißt, Kontrolle ausüben, „selbst Behauptung". Sich selbst gegenüber den anderen mit allen Mitteln... durchsetzen. Reiz-volles Miteinander, Gegeneinander. Wir müssen den Herausforderer nicht bedienen, nicht Spielpartner sein. Ein Schritt ins rote Feld reicht, um klar zu „denken", gefühlsmäßig raus aus den „Schlagabtausch" gehen. Das ist Training, pur. Es funktioniert 100%.

Für den Verstand, sind Menschen, Dinge, ihre Lebensart, so lange interessant, bis sie uninteressant sind. Alles ist ergründet, der Erfahrungsbedarf ist gedeckt. Wir sind neugierig, wenden uns neuen Dingen zu. Das ist Normalität, Leben ist Veränderung.

„Angst ist ein schlechter Ratgeber", bezieht sich auf negative Gefühle, die uns den Blick trüben, die uns Angst machen... Sie hat viele Gesichter, geboren aus dem **Mangel** an Dingen, Menschen, Gefühlen. Ich habe nicht...,ich habe Angst vor..., ich fühle mich schlecht..., das sind „Hilferufe", oft unbewusst. Alles Sätze, mit denen wir den Boden der Angst düngen, „denken", wir finden keinen Ausweg. Das lähmt den Körper. Treibt zum aggressiven Handeln. Je nach „Jollis" Temperament. Wirkung, sind die **Aus**wirkungen, oft vernichtend...

Wir widmen uns im blauen Feld rührend um Erkennung, Heilung, sozusagen um gezielte Schadensbegrenzung. Dabei geht es um Umwandlung des Gefühls Angst, in Vertrauen, Glaube, Liebe, ins gute Gefühl, Sicherheitsgefühl. Wer nicht weiß, das er diesem Gefühl, hinterherläuft, ist „süchtig" danach, sucht und findet im Außen viele „Ersatzbefriedigungen"... Angst sucht sich „Trostpflaster", „beruhigende" Dinge fürs selbst, die kurzzeitig vergessen lassen. Unser Körper bedient das Gefühl Angst, geht in Resonanz. Ergebnis, wir erfahren körperliches Leid, Abweichungen, „kranke" Erscheinungen. Ignoriert der Verstand alle Hinweise der roten Seite, kommt der Tag, wo der Mensch neben sich steht, sich im Kreis dreht, unbewusst, gefangen im eigenen Denken und Handeln. Er hat sich selbst Stück für Stück von seinem wahren Sein, abgetrennt, bis zum „bitteren Ende". Eine von Angst geprägte Denkweise im Leben, ist die Welt, die uns Hier, Jetzt, ihr Gesicht zeigt. Solange der Verstand in der Lage ist, es zulässt, Signale gefühlsmäßig zu erkennen, haben wir die Chance, die Richtung zu ändern. Bei Rot besehen, die Seele lenkt, das was „Jolli" denkt. Warum nicht? Kehren wir der Angst den Rücken. Gesund oder krank ist „reine Kopfsache".

Gehen wir mit Menschen in Resonanz, die auf dem Weg sind, mit guten Gedanken, aus dem guten Gefühl das Leben ehrlich zu meistern. Grünes Licht fürs Rote Feld .

Motivation (Motor), das Wort verbinden wir mit **guten Gedanken,** mit Menschen Dingen, Ereignissen, mit gutem Gefühl. Motivation ist ein geistiges Werkzeug. Sich auf Etwas einstimmen, **gut** drauf **sein,** wissen und fühlen, dass ich alles erreichen kann. Ich fühle meine Stärke durch wohl gewählte Worte. Motivation ist immer Selbstmotivation, geht von einem selbst aus. Wir übernehmen Gedanken, Sprüche, Erfahrungen zum eigenen Gedankengut. Keiner erfährt Erfüllung, weil ein anderer ihn motiviert. Jeder ist selbst sein eigener **MOTIVATOR.**

Wie wäre es mit folgendem **Vergleich?!**

Du sitzt mitten in einem Minenfeld, bist dir deiner Gedankenkraft, deiner Macht als Energiebündel Mensch so sicher, dass Du daran glaubst, gebratene Tauben sind im Anflug. Sicher, mit den gebratenen Tauben fliegen auch gefüllte Bomben auf Dich zu. Nichts und niemand kann bestimmen, was jetzt in Deinem Leben passiert. Du allein.

Dein emotionales Sicherheitsgefühl, zieht die Tauben in Dein Leben und die Bomben lösen sich für Dich in Luft auf. So sieht für viele das Leben im Jetzt aus. Die Bomben sind all die Dinge, die unser Leben zerstören, uns krank machen, uns Angst machen. ALLES im Minenfeld sind Ergebnisse von eben, gestern, vorgestern, Vergangenheit. Gebratene Tauben und Bomben fliegen überall für alle im Duett. Entscheiden wir uns für eines von Beiden. **Herz und Verstand**, Beide **lieben** Tauben!

Ein Sprachschatz für alle Fälle, für den Hausgebrauch, fürs „Große-Ganze", für „Hinz und Kunz", fürs Gemüt, für den Schelm, den Leise Treter, Gipfelstürmer, für alle Lebenslagen, die Schieflage,den Absturz, den Senkrechtsstart... u.v.a.m.... Wir alle lieben das Spiel mit Sprüchen, Redewendungen, aufmunternde Worte... Allen ist etwas gemeinsam. Wir haben es „erfunden", alles selbst formuliert, unsere Bedeutung hineingelegt und wir lieben es. Und es sind Wahrheiten. Wir können sie fühlen. Beim Senden und Empfangen. Alle Wörter, Sätze, Formulierungen haben ihre eigene Frequenz. „Eindeutig Zweideutig". Meisterhaft ausgedacht. Es gehört zu uns Menschen, wie die Bäume zum Wald...

Sprachschatz, die Umschreibung, trifft den Nagel auf den Kopf. Passt Perfekt. Im Großen... die Sprachenvielfalt, im kleinen, Dialekte über Dialekte in allen Sprachen. Wir spielen, wie mit einem großen Haufen Dominosteine, ein Puzzle ohne Grenzen... Erfreuen uns an Meisterwerken, gedruckt, gesprochen, verfilmt, Erfahrungen in Form gebracht, zur Freude aller, die es anzieht. Alle Wahrheiten sind Bestandteil unserer Sprache. Fühlen wir die Worte, sagen sie uns, wohin die Reise geht. Probier es aus.

Fünkchen: Wie wäre es mit einer kleinen Anregung, schau hinter die Wortspiele, sortiere, probiere und fühle dich hinein.

„Im besten Wissen und Gewissen, einmal rot und einmal blau, einmal wissen und einmal ge...gen wissen.
Gewissensbisse, herrliches Wortspiel, gegen Wissen sein, weg beißen, mit Biss, na, guten Apettit.
Mich plagt mein Gewissen, sagt „Jolli" und meint sich selbst. Schlingel, erst verzapft, gegen wissen gehandelt und nun schnell gerade biegen, wie *selbstlos,* jo,selbst Tor, raus geschmissen, ohne selbst, sind wir es Selbst. Handeln bewusst und Ego will es auf sein Konto buchen. Ok, gegönnt.

Wir nehmen uns selbst und unser Umfeld, das laufende Leben, gern mit Worten und Bildern, auf` s Korn. Dieses Spiel ist so alt, wie das Leben selbst. Als die Bilder laufen lernten, als wir Worte zu Papier brachten, als wir uns technisch gesehen immer meisterhafter vernetzen, dreht sich alles um ein Thema... um uns selbst, mit Allem, was es gibt, existiert, Realität ist. Wir haben nur dieses Erfahrungsfeld, das manifestierte Gedankengut. Spiegel, in denen wir uns wiederfinden, mitfühlen, mitleiden, mit empfinden, mit lachen, mit schimpfen... uns hineindenken, fühlen. Das Leben bestätigt uns unser Leben. Es tut gut zu wissen, das Lachen über sich selbst, das gesündeste Lachen ist. **Humor**, ein Gradmesser für **Bewusstheit**. Ein Hoch auf die „Jacken" der Nationen.

Nun, lach doch mal, verstehst du keinen Spaß, **sieh es nicht so eng...** Sagen wir und meinen, wie herrlich, die Wahrheit ist so gekonnt verpackt. Humor ist..., wenn man trotzdem lacht. Über Beobachtungen, Wahrheiten, über menschliches Treiben. Es ist der Schalk im Nacken, der uns den Spiegel hin hält. „Eulenspiegel Syndrom". In dem Moment, wo wir **herzhaft** lachen, sind wir eins mit ENI. In Glück-Seligkeit.

Jeder von uns ist ein Spiegel für seine Mitmenschen, dem Mensch von nebenan. Jeder findet im Spiegelbild eines Anderen Teile von sich selbst. Gleiches zieht Gleiches an, genau so wie, Gegensätze ziehen sich an. Sehen wir klar, ungestört vom Ego, erkennen wir eigene Muster, Gedankenmuster und Verhaltensmuster, die wir leben, lieben, unsere individuelle Seite ausmachen oder brachliegende Teile unseres selbst. Der Trennungsgedanke vergleicht. Das wahre Selbst macht uns stets und ständig auf das ganze Bild, die Vollkommenheit in uns, aufmerksam. ENI strebt immer nach der Balance, schiebt uns zum Spie(ge)l, um zu erkennen und im Sein auszugleichen.Jeder besitzt alle Potentiale, gut zu leben. Fakt ist, alles wird unterschiedlich beachtet, gefördert, genutzt, manchmal unterdrückt. Es liegt an jedem selbst, es erkennen oder nicht. Das „Spiegelbild" ist ein Hilfsmittel zur Selbstfindung. Keiner kann im Anderen etwas entdecken, bejahen, verneinen, was er nicht selbst lebt, leben möchte, loslassen möchte. Achten wir bewusst auf unser Gefühl, empfinden Widerstand, bekommen Herzklopfen, fühlen uns elend, Bauchschmerzen... kurz ein schlechtes Gefühl, handeln wir gegen die rote Seite.

Was es auch ist, lassen wir es einfach los. Die Kehrseite lebt sich stets angenehmer.

Jeder von uns schlussfolgert aus seinem vorhandenen Wissensstand, persönlichen Erfahrungsschatz, dem übernommenen Gedankengut. Schlussfolgern im Sinne von, falsch und richtig. Wir produzieren den eigenen Bewusstseins - Stand, die eigene Bewusstheit auf Alle und Alles um uns herum. Statt das eigene Leben zu meistern, sind wir ständig in Versuchung, des anderen sein Leben zu meistern. Ihn *vor*zuschreiben, zu diktieren, was er zu tun und was er zu lassen hat. Ein Parade Beispiel im Menschlichen Allerlei.

Belassen wir es bei diesen Zutaten. Ein Ausflug ins Spiel des blauen Feldes. Im beidseitigen Einvernehmen, rot & blau, betrachtet, beleuchtet, bewusst unter die Lupe genommen. Beobachtungen und Beschreibungen vom Spiel des Lebens. Wir können jetzt, in diesem Moment, eine Entscheidung treffen, zu Gunsten unserer roten Seite. Wir können zu jeder „Zeit" die Kurve kriegen, die Richtung korrigieren. Dingen, Menschen, Ereignissen, Alles, was wir sind, eine neue geistige Heimat geben, neues Menschliches Allerlei aus bekannten Zutaten bewusst zubereiten.

Menschliches Allerlei, wie ein Meer, tief, voller „Geheimnisse, immer in Bewegung, jede Welle kehrt zurück, jede Welle ist ein Teil vom Ganzen. Ist wie das Meer selbst. Es funktioniert alles nach dem gleichen System. Nichts kann das Gleichgewicht stören, außer wir stören es selbst. Lebensglück ist ENI in Balance.

Fünkchen:

Sagen wir es mal so..., egal, in was du tappst, wohin du schaust, wo du landest, was dir widerfährt, du gerade erlebst, Alles bekommt von dir den Vermerk: Danke für den Tipp, hat mich sehr gefreut...Nimm es mit Humor. Warum auch nicht?! Lachen über sich selbst, ist „herzerfrischend". Mensch, ärgere dich nicht, ist ein Spiel mit deines Gleichen, früher oder später sitzt jeder im Ziel. Spaß im Sicherheitsgefühl. Die Erfahrungen zählen, ausgelöst von Deinen Gedanken, Deinem Spiel – Geist.

Im gesamten menschlichen Allerlei.

Nichts wird so heiß gegessen, wie gekocht ! Abwarten, Geduld üben...

Das ist eine wahre Meisterleistung. Alles reine Trainingssache. Das war es.

Kleine Geschenke erhalten die Freundschaft

Fünkchen:
Lächeln von Herzen, ist ein **Geschenk**, denn es trifft den anderen genau dahin, wo es gut tut. Ins Herz! Schenke immer mit Herz, oder mach `nen Haken dran.
Wenn Dein Geldbeutel genau so groß ist, wie Dein Herz, dann bitte, verschenke Großartiges, wenn es aus Liebe ist und ins Schwarze trifft. Genieße Deine eigene Vorfreude auf die strahlenden Augen Deiner Beschenkten. Jeder verschenkt sich selbst mit. Geschenke sind der Spiegel der Gedanken. Dein Gefühl klebt an Ihnen. Nette Gaben sind wie ein gutes Menü, jedem schmeckt`s, jeden bekommt`s, jeder möchte das Rezept.

Lebe Dein Leben nach Deinen Maßstäben, beschenke Dein Umfeld mit guten Gedanken, mit guten Wünschen, mit Deinem eigenem erfüllten Leben. Sei ein tolles Spiegelbild. Fragt man Dich nach dem Rezept, verschenke es mit einem Lächeln und wünsche guten Appetit. Glaube daran, Du bewegst Großartiges.

Die Geschichte mit der Maus

Fünkchen:
Du liest richtig und es ist kein Katz und Maus Spiel! „Mäuse Träume, rein menschlich betrachtet", für Groß & Klein.

Eine Maus fragte sich, kann ich kleines Etwas tatsächlich die Welt erobern, kann ich es wagen, in so einem großen Haus, mein Nest zu bauen? Verschmitzt horchte sie in sich hinein. Warum eigentlich nicht? Ich bin friedlich. Ich gehe meinen Weg, ohne die anderen zu belästigen. Mein Tagesablauf ist geregelt und ich nehme niemanden etwas weg. Ich ernähre mich von Dingen, die sowieso da sind. Manchmal verschwinden sie zu allem Überfluss im Abfall. Ich tue Gutes und lebe im friedlichen Nebeneinander. Ach könnten es die anderen Hausbewohner auch so sehen! Keiner hätte Angst voreinander, keiner will irgendjemand an den Kragen, keiner würde sich um die Gewohnheiten des Anderen kümmern, ihn in Ruhe sein Leben leben lassen. Unter diesem Gesichtspunkt ist es wurscht, wo ich mein Quartier aufschlage. Als kleines Hindernis sehe ich noch die hauseigenen Katzen. Sie haben doch genug Futter.

Wozu mich verschlingen? Wie kann ich kleine Maus das den Katzen beibringen? Wir sprechen nicht die gleiche Sprache. Doch tief im Innern wissen wir wohl gut übereinander Bescheid. Ich grüble jetzt nicht weiter darüber nach. Schon fühle ich mich besser. Ich kann nur klar und gut entscheiden, wenn mir nicht die Angst und das Unwohlsein im Nacken sitzen. Mach ich` s oder lass ich` s ? Wie hätte Mama Maus entschieden? Sie hat` ne Menge Lebenserfahrung und wohl schon mehr als einmal diese Entscheidung treffen müssen. Doch Mama Maus ist weit weg.
Sie lebt in einem tollen Haushalt und dort geht es ruhig und nett zu. Keine einzige Maus Falle. Alle Haustiere haben ihren Bereich und werden liebevoll behandelt. Mama Maus lebt im Keller mit freiem Ausgang und immer Zugriff auf die Reste Tonne. Ich kann mit dieser Einstellung hier auch solch ein Paradies erschaffen und es dann weitererzählen. Wir Mäuse sind sehr flink und redegewandt. Es würde sich wie ein Lauffeuer verbreiten. Ich träume den Traum jetzt weiter bis zum wahren Ende.
Mama hat immer gesagt, „Mäusi träume nur, stell dir alles genau vor, freue dich bei all den bunten Bildern in deinem Kopf und dann eines Tages, wenn du gar nicht mehr

daran denkst, lebst du deinen Traum. Du musst deinen Träumen Liebe schicken. Sie sind von dir. Glaube es, dass sie dort ankommen, wo sich viele kleine Helfer bemühen, alles genauso zu gestalten und so in dein kleines Mäuse Leben kommt. Freue dich darauf kleine Maus, das ist alles, was du tun musst." Ja, das sagt meine Mama Maus immer und es stimmt.

Viele schöne Sachen haben sich schon erfüllt. Ich habe es auch gar nicht anders gedacht. Deshalb bin ich hier in dieser schönen Villa angekommen. Bin einfach los gelaufen. Habe gesungen, Augen und Ohren offen gehalten und dann hat` s mich überwältigt, als alles genau so war, wie in meinen Träumen. Ich nehme es voller Freude an, ohne nachzudenken. Da sieht man mal, was herum rätseln für unmögliche Überlegungen hervorbringt. Alles unnötig. Es ist, wie es ist und jetzt lebe ich meinen Mäuse Traum. Alles andere wird sich finden. Ich stelle mir eben genau vor, wie es sein wird, wenn alle ihre Träume leben. Es wird doch wohl jeder das beste für sich wünschen und sich ebenso glücklich und zufrieden sehen können? Ach, ich liebe meine Ideen und mein schönes erfülltes Mäuse Leben.

Liebst du dich auch? Hast du auch so viele wunderschöne Träume? Schaltest du deine störenden Gedanken aus? Bist du mutig, über dich hinaus zuwachsen?

Wenn ja, dann treffen wie einander. Denn gleiches zieht gleiches an und da spielt Herkunft, Größe, Sprache keine Rolle.

Wichtig ist das Verständnis füreinander, voneinander lernen, zueinander finden.

Und das Annehmen von Anders Sein.

Danke, dass du in meiner Nähe bist und diese Worte jetzt liest. Ich habe laut gedacht und es einfach aufgeschrieben. Fünkchen in die Hand gedrückt. Na, piep, piep, Mama hat gesagt, so ein bisschen kleine Maus steckt in jeder erwachsenen Maus und die will ihre Streicheleinheiten. Sie will fröhlich sein, ohne nachzudenken, ohne Angst, ohne irgendwelche Zwänge, sich selbst leben. Einfach Maus sein. Und was sagt ihr Zweibeiner? Ist das nicht ein verlockendes Angebot? Mit „kindlicher" Unbeschwertheit den Alltag meistern. Nach dem Motto: Alles ist in Ordnung. Also, wer bestimmt es? Nur Du selbst!

Fünkchen zwinkert Dir zu! Diese Mäuse Geschichte hat` s in sich. Du findest die saftigen Brocken heraus. Guten Appetit. Lass das mal das Fünkchen machen!

Bist Du bereit?

Fünkchen sagt, Erkenntnisse sammeln ist eine wunderbare Beschäftigung. Es sind gelebte Erfahrungen, jede einzelne beruht auf einer von Dir selbst gesetzten Ursache zum Handeln. Genieße die Ergebnisse, es ist Dein eigenes „Stück" Leben, das, was Du bist. Dein Lebenspotential. Nutze es, um den Weg in Dein erfülltes Leben zu gehen. Spüre hinein, was Deine Erfüllung ist. Sei frei von allen Zwängen, selbst gebastelten Einschränkungen. Folge der Intuition, sie führt Dich ins gezielte Tun.

Nimm Dich, wie Du bist, in jedem Moment. Dann kann` s losgehen.
Worauf wartest Du noch ?

Auf zur fröhlichen Klingel Partie... die Fünkchen Garde ruft...

Wir können den Wecker stellen. Munter werden oder weiter schlafen, entscheidest DU selbst. Wir sind keine Märchenfeen. Wir können keine Wünsche erfüllen und nlx herbei zaubern. Doch wir können vor leben, was es heißt, den Dingen, die man selbst in Bewegung setzt, zu vertraucn.

Genieße die Fahrt in ein fröhliches Leben. Das Ankommen zählt und wird freudig gefeiert. Die Hauptsache ist der Spaß.

Das größte „Wunder" ist, wenn ehrliches Lachen ansteckt, sich ausbreitet wie eine Laola Welle ungeahnten Ausmaßes. Wow. Ein gigantisches Netzwerk von Menschen, die das Lachen verbindet, Lust am Leben, gute Laune, Vorfreude auf Erfüllung, die Neugier auf noch viel mehr Leben....leben. Fantastisches Zusammenspiel – Mensch. Friedliches Miteinander und Füreinander. Jo, iss es denn schon soweit ?

Fünkchen:

Wir wünschen Dir alles Liebe.
Diese Höhenluft macht Appetit auf mehr.
Geht es Dir ebenso ?

Hat` s gefunkt?

Das gibt` s doch nicht, oder ...!!!

Jeder weiß alles,
nur jeder will es nicht wissen.
Jeder kann Alles erreichen,
nur jeder will es nicht haben.
Jeder lebt im Jetzt Moment,
nur jeder will es nicht wahrhaben.
Jeder ist ein Energiebündel Mensch,
nur jeder will es nicht glauben.
Jeder ist seines Glückes Schmied,
nur jeder will es nicht verantworten

DU bist ein großartiges Wesen.
DU bist in Form gebrachte Energie.
DU bist Körper,Geist und Seele.
DU bist ein Energiebündel
mit ungeahnten Fähigkeiten.?!

„Jahrtausendelang" zog es die Menschen immer wieder auf die Erde. Sie ist die Bühne für ein großartiges Schauspiel, Leben genannt. Jeder ist ein Unikat und spielt in seinem Leben die Hauptrolle.

Fünkchen: Jetzt lege ich mich nochmal so richtig ins Zeug... Möchtest Du wissen, „wie ALLES begann"? Ich bin startklar.

Deine Absicht schaltet mich ein.
Das Gefühl öffnet die Programme.
Passwort lautet „wohl fühlen".

Aus der Lebensschule geplaudert

Durch Fünkchens Augen gesehen...

Solange Ego „Jolli" Dich geistig führt, Dir vorschreibt, was Du denken sollst, tun sollst, wem Du glauben darfst, was gut und was schlecht ist, so lange Du das zulässt, habe ich keine Chance, zu Wort zu kommen. Du schmetterst mich von vornherein ab. Du fragst , wer DU wirklich bist ? Ja, genau das fragen Alle einmal. Warum ? Halt Dich fest, weil alle genau aus diesem Grund hier sind. Menschen sind interessante Kreaturen. Einzigartig jeder einzelne und einzigartig in ihrer Gesamtheit. Wunderbare Geschöpfe !
Körper, Geist und Seele! Unterschiedlich schwingende Energiebündel. Sichtbar ist der biologischer Körper, doch was steckt da alles drin? Jede Menge. Es liegt mir fern, spezifische Funktionsweisen des Körpers darzulegen. Du siehst ihn, Du spürst ihn. Gedanken, Gefühle kannst Du nicht sehen, doch sie sind da. Eines Tages ist das Unsichtbare, noch "Zweifelhafte", sichtbar. Großartige Entdeckungen, die das Leben veränderten, waren immer ihrer Zeit, dem Greifbaren, voraus.

Wollen wir hier das Gleiche tun?!
Gedanken bestimmen Gefühle. Es kann gut sein, gleiche Gedanken lösen andere Gefühle bei Anderen aus. Warum? Worte fallen in das Sieb persönlicher Meinungen, Erfahrungen, geprägter Glaubenssätze. So lacht der Eine, wo sich der Andere wohl möglich grämt. Je nach Siebvorgang. Gefühl ist das Zünglein an der Waage für „Glück oder Pech". Kennst Du das? Du kommst in einen Raum und spürst, puh, dicke Luft, hier hat` s gekracht, keiner verzieht eine Miene. In einer Runde wird gelacht, geredet und Du fühlst Dich wohl, obwohl Du keinen kennst. Warum ist das so ? Du trägst Deine Gefühle spazieren, nicht nur im Gesicht, am ganzen Körper. Jede Zelle ist beteiligt, alles umhüllt Dich wie ein Mantel. „Du bist nicht meine Wellenlänge", Du strahlst aber heute, Du bist anziehend"..., kennst Du sie, diese „Redensarten"? Sie sind sehr treffend !
Je leichter du dich fühlst, um so „höher" ist Deine Körper eigene Schwingung. Jeder Gedanke, Ton hat seine eigene Frequenz.
Je angenehmer, je lebensbejahender Du denkst und sprichst, je wohler fühlst Du Dich und ebenso die anderen in Deiner Nähe. Betrachte es als Dein persönliches Feld, das Du beackerst.

Du riesiges Energiebündel Mensch bist wunderbar bunt, je nach „Lust und Laune". Du überschneidest dich mit den anderen Energiebündeln, deshalb ist es oft so unangenehm, wenn eine „Negativwolke" Dich berührt. Bist du gut drauf, verflüchtigt sie sich, nach dem Motto„das Gute siegt". Hängst du gerade selbst im Mustopf, na au weia, das haut ein, dann verdoppelt sich das Ganze und plautz, die Laune ist im Keller. Der Verstand speichert alles ab, was du hier auf Erden erlernst, damit du funktionierst. Besser, alles Menschliche, tun kannst. Erinnert sich an Erfahrungen, gibt den Dingen ihre Bedeutung. Weiß nicht, wer und was er ist, denkt getrennt.
Du hast Zugang zu allen Informationen. Den Zugangscode hast Du in Dir. Das beste Versteck, an das jeder Mensch zuletzt denkt, bist Du selbst. Wenn Du diese Zeilen ließt, bist Du auf dem Weg, diesem Ringelspiel, sprich, dem Sinn des Lebens, auf die Schliche zu kommen. Das Unsichtbare ist eine Riesenenergiewolke, aus lauter Kleinen, mit den Eigenschaften der Großen versehen. Sie haben sich darauf eingelassen, als Dschinn in einer Wunderlampe zu leben. In einem Körper, sichtbarer Teil vom Ganzen. Der Dschinn, ist Dein Geist, Dein absolutes Wissen.

Er vertraut dir dieses Geheimnis jetzt an. Du suchst nach dem Geist, der Alles weiß, Du bist es SELBST, versteckt in Deinem Körper. Klasse ! Der Verstand ist der Stöpsel auf der Flasche. Er sitzt oben auf. Jahrtausendelang ein Spiel im Duett. Damit das Ganze klappt. Verständlich, stimmt` s? Ego und Dschinn, ALLES ist ENI. Die Spielregeln sind sehr einfach. Nur in einem Körper hat man die Chance, über alle Sinnesorgane Erfahrungen zu machen, die ohne unmöglich sind. Diese fließen komplett in den „Zentralcomputer". Nichts geht an Informationen verloren. So füllt sich natürlich das, ich hätte beinah geschrieben, Strafregister, aber scherzhaft gesagt, alle sind ganz schön ausgekocht. Das Ego hat bei dieser Aufgabenstellung tüchtig unterstützt. Ohne Spiel, tote Hose. Es übernimmt gern die Führung, es ist die Stimme, die ununterbrochen redet. Klaro, aus Gründen der Spielregeln kommt das Bauchgefühl oftmals nicht zu Wort. Das ist gewollt, im Protokoll festgeschrieben. „Der wissende Bauch" führt Dich geradewegs durchs Leben. Das Ego liebt ein ständiges bergauf – bergab. Stell dir alles Leben als eine Spirale vor, du obenauf, mittendrin, zu allem Zugriff. ENI hat keine Schranken, keine Wand, ist niemals verschwunden.

Oft ist viel Mist passiert. Du läufst damit schon ewig schwanger. Man könnte auch bildhaft sagen, im Kreis und findest den Ausgang nicht. Es gibt ihn, Du selbst wirst ihn finden. Gehe auf Empfang. Mit Deiner Absicht findest Du die richtige Frequenz. Wissen oder nicht wissen, Verstand oder Gefühl. Es gibt keinen Zufall, nur Ursache und Wirkung. Alles ist ein riesengroßes Zusammenspiel. Des Einen sein Plan, ist des Anderen sein Plan. Immer und immer. Du bist nicht zufällig an diesem Ort, zu dieser Zeit, mit diesem Deinem Leben. Es ist Deine Wahl. Hinter dem Vorhang sind alle gleich, sozusagen, „Engels gleich". Danach wieder ein (P)„Engel" auf Erden. Energie ändert seine Form. Wie gefallen Dir diese Neuigkeiten?! Fühlst Du Dich wohl dabei? Märchenhaft? Falls Du gerade in ein Strudel komischer Gefühle gelandet bist, schwimme Dich wieder frei. Dein Vertrauen und Dein Glaube sind gute Werkzeuge. Sie sind die Schwimmweste, die Dich sicher trägt. Lege sie nie ab. Sie sind Dein Sicherheitsgefühl, alles zu meistern. Du bist endlich Du **Selbst.** Kennst den Sinn, kennst das Ergebnis, Funktionsweise, bist ein bewusster Teil vom Ganzen. Vollkommen in jeder Hinsicht. Energie in Menschengestalt.

Diese Wahrheit ist tief in Vergessenheit geraten ist. Wir haben es geschafft, diese CD zu finden, und...Menschenskinder, wat für` n Programm. Da beiß` ich mich doch gleich sonst wohin, schlepp das Ding mit mir rum, oft hat` s schon gedrückt, ich hab ´s aufs Herz geschoben, das war es wohl auch, jedoch anders, als gedacht". Nun,es heißt ja auch, wenn Du denkst es geht nicht mehr, kommt irgendwo ein Lichtlein her. Ich wusste nur nicht, dass es ein ganzer Kronleuchter ist und ich trage ihn spazieren.Kannst` e noch folgen?

Hängst` e schon an der Decke und bist platt?" Warum? Du bist noch an allen Stellen abgedichtet. Du erinnerst Dich? Der Stöpsel. Du hast nur eine einzige Möglichkeit und die heißt Glaube, um wach geküsst zu werden. Dein Wecker möge klingeln. Und nun? Jetzt geht die Party richtig los. Du hast jetzt DAS fehlende Teil gefunden, das Puzzle ist komplett. Verlass Dich drauf. Entscheide Dich, auf zu wachen, nicht länger im Trüben zu fischen, sondern bewusst zu angeln. Dann setzt Du einen Prozess in Gang, den Du nicht mehr stoppst. Du bist im Fluss des Lebens, immer obenauf.

Die Macht der Gedanken und die Kraft der Gefühle bringt Dich überall hin.

Aus dem „Menschenmöglichem" Tun, wird die bewusste kreative Schöpfung. Du bist jetzt gewappnet, Dein wahres Gesicht hat die Führung übernommen. Finde heraus, was Dich glücklich macht. Kreiere Dein neues Leben. Du selbst, für Dich und als gute Quelle für Alle. **Quantenhaft leben.**
Ehrlichen Herzens, kein Verbiegen, keine Fremdbestimmung, kein Vergleichen. Als der Teil, der Du in Wahrheit bist, gelingt Dir alles. Gedankenkraft ist Dynamit. Das Ego kämpft um den Erfolg. Dir kommt er entgegen, Du weißt, glaubst, vertraust.
Das ist eine bewusste Absichtserklärung an Dich Selbst. Du schiebst Dich von einer Erkenntnis in die andere, von einer Erfahrung in die andere. Immer wieder springst Du ins kalte Wasser und staunst über die Klarheit beim Auftauchen.Komme selbst hinter das Geheimnis Leben.
In einer Muse Stunde **mit Dir SELBST.**
Glaube es oder glaube es (noch) nicht.
Spiele ab jetzt bewusst. Wenn Du diesen Weg weitergehst, treffen wir einander. Ganz bestimmt!

Alles Haben, Alles Leben genießen.
Tue es einfach. Geh Deinen Weg!

Nachwort:

Wenn es das Einzige ist, was uns hier auf Erden beschäftigt, unsere persönliche geistige Entwicklung, die uns wie Phönix aus der Asche erstehen lässt, indem wir das „Dualität Kleid" gegen das „Engels Gewand" eintauschen, na dann, Halleluja. Geht alles wie von selbst. Schön wär`s !!!

Dieser Weg, führt uns auf den Gipfel geistiger und materieller Fülle. Unser aller „Geburtsrecht", der Sinn unseres Lebens. „ Wahrer Reichtum kommt von innen."

Dort sitzt der echte Meister. DU.
Der Puzzle Spezialist!
Du schaust jetzt auf den Grund der Dinge, aller Nebel hat sich aufgelöst.
Freue Dich des Lebens. Gehe weiter.

Wir haben den Aufstieg genossen und wir genießen jetzt dies köstliche Menü. Selbst Gemachtes schmeckt am besten...! Der Geist fragt nicht, was er schreiben soll, er schreibt und es passt. Gefühl ok. „Jolli" schreibt und fragt, ob es passt und fängt zu korrigieren an. Zusammen jedoch sind sie ein starkes Team. Sie haben zur Freude Aller diese leichte Kost erschaffen.

Die Bergsteiger...
Ein paar Worte zum Abschied

Nehmen wir mal an, Sie verlassen sich auf DIESE BETRIEBSANLEITUNG.
Was kann passieren? Das es funktioniert..
Lohnt es sich, diese Wahl zu treffen?

Sie lieben Ihre neue Visionen, Ihre Ziele.
Sie glauben, vertrauen dem guten Gefühl.
Sie formulieren Ihr Endergebnis im Jetzt.
Sie erstellen geistig das fertige Endbild.
Sie leben, handeln, intuitiv aus Ihrem guten Gefühl, ohne „nachzudenken".
Sie glauben an die Kraft der Emotion.
Sie vertrauen der Macht Ihres Geistes.
Sie leben bewusst die Fakten.
Sie sind im Sicherheitsgefühl.
Sie sind im „Seelendenken".
Sie genießen den Weg zum Ziel, zur Erfüllung Ihrer Wünsche, Träume.
Sie sind in Ihrem selbst gewählten Leben und nicht im „falschen Film".

Ihr Ego, Sie selbst, dankt es Ihnen. Wie?
Es wiegt sich mit im neuen Körpergefühl, vertraut dem neuen Gedankengut, nimmt alles in seinen Wissensspeicher auf.
Den ersten Schritt tun Sie selbst bewusst.
Sie entscheiden sich, jetzt zu wissen.

Sie haben den Hahn aufgedreht. Die „Wand" zur Wahrheit wird durchlässig. Sie fragen sich Selbst und prüfen über Ihr Gefühl, ob sie Ihrer Antwort vertrauen, sie annehmen und umsetzen können, wollen. Wir offenbaren uns die Wahrheit selbst. Je mehr Menschen aus dem guten Gefühl, der Intuition, dem umfassenden Wissen handeln, um so treffender, angenehmer und gewinnbringender ist das Ergebnis für alle Beteiligten und für den Rest der Welt. Es ist so. Was gedanklich in Ordnung ist, kann nur so werden. Erfahren Sie selbst positive Resonanzen. Wir alle können uns geistig inspirieren, auch ohne Worte.

Das Leben läuft im Außen vorwärts ab, gedanklich „säumen wir das Pferd von hinten auf". Ein geistiger Abschluss ist der Anfang allen Tun`s. Wir wissen nur das Ende, das ist unsere Erlebens Absicht. Sind wir am Kopf angekommen, dreht sich das Pferd um, wir sind im physischen Ziel. Erfahren die Schönheit im Detail, blicken durch, erkennen die Einzelheiten, wie sie sich fügen, den Sinn vom Einzelnen zum Ganzen, der Realität. Sie erkennen, das jedes Ziel einen neuen Start enthält. Sie sind bereit fürs nächste Abenteuer. Ziel ist Start. Alles wie gehabt. Probieren Sie es.

Berichten Sie von Ihren Erfahrungen.
Machen Sie anderen Mut. Sind sie ein Vorreiter, ein Pionier. Genau das tun auch wir gerade. Alles Geschriebene ist gelebt.
Das Kollektivbewusstsein erweitert sich um das wieder „entdeckte" Wissen. Nichts geht verloren. Energie ist...... immer da.
Alles ist eine geistige Angelegenheit.
Wir sind hier, um unser wahres Selbst zu finden. Eins SEIN mit ENI auf Erden. Das Gefühl der Liebe, Harmonie, Geduld, in Balance SEIN mit ALLEM und JEDEM.

Erfüllung entsteht nicht aufgrund unseres Tun` s, sondern unseres Seins.
Das Beste ist, sich gedanklich im roten Feld festschnallen und daraus handeln. Das ist alles.
Das Erkennen und verstehen unserer blauen Seite, ist geistiges Training. Wie im Sport. Man erkennt seine Stärken, kennt die Fakten, testet die eigenen Ideen, liebt sein individuelles Trainingsprogramm, ist auf Erfolgskurs und vertraut dem Trainer.
Alles hängt vom Sicherheitsgefühl ab, zu erreichen, was man geistig in den Händen hält. Das gelingt, wenn wir dem Ego auf die Finger schauen, besser ins Gesicht. Nicht den Verstand ausschalten oder abschalten, sondern bewusst benutzen.

Das Trainingsthema Nr.1, Ego „Jolli".
Es ist Kehrseite der Medaille, unser aller „Spiel" mit der „negativen", Gefühlswelt.
Wir fühlen uns nicht wohl, und doch tun wir es, tappen ohne Erinnerung an dieses Wissen, „blind" in jede Falle von „Jolli".
Wir überlegen stets und ständig, was wir tun können, grübeln nach, hegen (pflegen) Zweifel, schieben Gedanken hin und her.
Aus Angst, Panik, Hilflosigkeit, Kampf.
„Jolli" findet keinen Ausweg, meint er.
Stopp! Dieser Gedankenkreislauf führt ins „Chaos". Wir verstricken uns in Gedanken, ignorieren unser Leitsystem, das Gefühl.

Wir haben „gelernt", es uns bestätigt...
Training ist, die bestehende Situation zu akzeptieren, sich selbst als Auslöser aller Dinge, Ereignisse; Beziehungen sehen, begleitenden Gefühle zulassen, loslassen und ins Sicherheitsgefühl „Springen", ins Wissen, wer man ist. Energie manifestiert sich, Ideen, Ereignisse, Menschen sind in Resonanz, reagieren untereinander, sind gleichzeitig Gebender und Nehmender im Spiel vom erfüllten Leben. Bleiben wir konsequent, konzentriert, hält das gute Gefühl alles in dieser Richtung am Laufen.

Am Ende passt das fertige Bild, wir sitzen mitten im Original des geistigen Puzzles.

Der Spaß in diesem Spielfeld kommt aus dem Wissen am Gelingen, der Vorfreude. Die Realität fällt großartiger aus, als es in der Vorstellung bereits existiert. Das Spiel ist faszinierend, Neugierde treibt es voran. Unser Ego gewöhnt sich sehr schnell an diese neuen Denkmuster, an sein neues Verhalten, an die Erfolge, in denen es sich sonnt, nickt die Verantwortung dafür jetzt gern ab. Ego „Jolli" spielt nun bewusst in der „Ober-Liga", genießt es, sich 100% einzubringen, fühlt sich rundum wohl in seiner Haut. Probieren Sie es. Es lohnt.

Sie haben die Wahl, sich amüsieren oder sich aufregen. Über 1000 Kleinigkeiten, über ungelegte Eier, über den Schnee von gestern, über eine Welt, die Angst macht, über ein Leben, das wir so nicht wollen. Ändern wir es, jetzt, „vielleicht", alle gemeinsam. Es funktioniert. Von rot nach blau spielen, mit offenen Sinnen. Staunen Sie, wer in Ihrer Vision anklopft, Dinge zu Füßen legt, umfangreicher als gedacht, auf denen sie gut weiter gehen können.

Immer und immer wieder, das ist der Fluss des Lebens. Die „Schwimmweste" ist für „Jolli". Er dankt uns und schwimmt immer seltener gegen den Strom, vertraut, glaubt aufs Wort, sieht, neues Gedankengut wird real. Jeder Ausflug ins blaue Feld, raus aus dem Sicherheitsgefühl, nutzt „Jolli", seine Gedanke zu verwirklichen und die sind nicht immer erste Sahne. Resonanz folgt auf dem Fuß. Ebenso umfangreicher als „gedacht", nur nicht so bekömmlich, oft ungenießbar. Ist es uns in dem Moment nicht bewusst, reagiert das Ego je nach Temperament, lautstark oder eher doch gediegen. Lässt Dampf ab, verunreinigt die Luft oder schluckt die Brocken runter, erstickt am eigenen Müll. Die Bandbreite ist unerschöpflich. Stimmt. Am Ende bleibt ein Scherben Haufen, wie treffend. Das vollkommene Ganze, rot besehen, ist zerbrochen, im blauen Wust zu Bruch gegangen. Meister Ego „Jolli" hat wieder einmal Porzellan zerschlagen. Am Ende bleibt Traurigkeit. Die Seele liebt ihren Partner, Ihr Ego, er ist aus dem gleichen Holz geschnitzt, erschaffen aus ENI.

Wir fühlen, das Leben dreht sich um das „Wiederfinden", was wir sind. Energie in Manifestation zweier Gefühlswelten. Die eine ist ohne die andere nicht erkennbar, erfahrbar. Immer in Resonanz, immer auf der Lauer, in Balance, Harmonie, zu sein.

Die Mitte zwischen den Polen zu finden, ENI in höchster Frequenz, in Liebe. Im Sicherheitsgefühl zu wissen, zu glauben, zu vertrauen, dem eigenen wahre Selbst. Es zu lieben, heißt, sich selbst zu lieben, die eigene körperliche Manifestation, das personifizierte Ego. Alles ist aus der einen Energie, alles ist Ursprungsenergie, alles ist „göttlich". Alles geistige, alles weltliche, Alles. Im Ganzen vollkommen. ENI kann nur über seinen Spiegel Leben erfahren.

In Fülle leben heißt, ich habe Liebe, Kraft, Freude, die Freiheit, Alles zu erreichen, ALLES. Mit guten Gedanken, Menschen alles Gute, alles Liebe wünschen, geistig sich mit ihnen verbinden, geistig sehen, wie auch ihr Leben auf blüht, wie auch sie mit offenen lebensfrohen Geist, ihr Leben meistern. Die Gefühle in den Mittelpunkt stellen, um sich davon führen lassen.

Leben aus dem Impuls des guten Gefühls, der Seelenwahrheit. „Putz munter", wählt sie im besten Wissen und Gewissen, das höchste Lebensglück für Alle und Alles.

Solange das innere Wesen stärker bleibt, als das äußere Glück, innerlich wir der Realität überlegen bleiben, solange bleibt das Glück uns treu.

Wir beide sind im Trainingsprogramm. Wir erleben, jeder Moment ist eine Erfüllung, beschenkt uns mit Erfolg und sei es „nur", sich einfach glücklich zu fühlen. Wir haben „begriffen", man kann nur sein, was man geistig bereits ist. Sich total bewusst sein, was es ist. Es hört auf, danach zu streben, ob hinter laufen oder entgegen rennen. Wenn man nach Etwas strebt, etwas zu werden, kann man es in diesem Moment nicht Sein. Bin ich in diesem Gefühl, lenkt kein Gedanke ab, wozu auch, darin sein, heißt, nichts denken. „Klar" Sein. Dann rauschen wir mit Pauken und Trompeten ins gute erfüllte Leben. Wissen wir, wie sich glücklich sein anfühlt, bleibt es uns erhalten. DAS ist Unser ewig kreisendes SEIN in der Spirale des Lebens.

Wir sind mittendrin, genau das zu sein, zu tun und zu erleben. Es ist für uns bereits ein Stück Wirklichkeit. Geist, Gedanken, und Intuition haben ihr „Versprechen" gehalten. Vorstellungen, Worte haben sich manifestiert, sichtbar, erlebbar, für „Jolli".
Schauen wir jetzt „zurück", wissen wir...
Es ist ein immer wieder kehrendes Muster. Mut zu den eigenen Vorstellungen haben, das Sicherheitsgefühl „erarbeiten", „Jollis" Spielraum im Auge behalten, die Erfüllung spüren. Dieses gefühlte Sicherheitspaket ist die Kraft, von wissen, glauben, fühlen, sie verleiht Standhaftigkeit, bis zum Ende am Ball zu bleiben, bewusst zu handeln.
Wir können nicht sehen, wer, was, wann, wie, in diesem Spiel der Energien Etwas bewirkt, doch wir erleben, dass Menschen die in der Umsetzung mit beteiligt sind, im guten Gefühl handeln, die Erfüllung ihrer Wünsche, Ziele ebenso erfahren. Geduld „üben", zieht diese Dinge in unser Leben.

Treffen Sie Ihre Entscheidung. Erschaffen wir gemeinsam eine für uns Alle, ehrliche, friedliebende, freundliche, herzliche Welt?!

Diese Betriebsanleitung ist universell. Wählen Sie diese Frequenz - senden Sie gute Gedanken und gute Gefühle an Alle.

JEDER ist in seinem Leben der erste Dominostein

Fünkchen: Die Fahrt beginnt.

Das Spiel der Energie ist das Spiel der Gedanken. Ist die Achterbahnfahrt der Gefühle. Ist Leben. Nie langweilig, nie endend, nie ohne Erfahrung (Ergebnis). Immer spannend, immer punktgenau.
Der Weg ist das Ziel. Jeder Punkt im Jetzt. Im guten Gefühl, Alles ist in Ordnung. Dinge, Menschen, Ereignisse haben ihren Platz im Resultat. Leben verstehen, heißt, zufrieden, bewusst, Rückschau halten. Wahres Wissen leben, bringt Harmonie. Man erlernt es nicht, man ist es Selbst.

Es bringt Dich keinen Schritt weiter, wenn Du diese Fakten nur liest und nicht lebst. Sie sind gelebtes Wissen, pure Erfahrung. Es könnte auch Deine sein. Fühlst Du Dich gut bei den Gedanken? Wähle, Tun oder Hängematten Syndrom .

Menschen haben schon vor Hundertsten von Jahren dieses Wissen publiziert und Ergebnisse präsentiert. Jetzt, ist das sich erinnern nicht mehr aufzuhalten. Allein es fehlt „noch" der Glaube, Mut, es zu leben.
Sei ehrlich, loyal, kreativ, „menschlich" einfach gut drauf, lachen mit Herz. Das gute Gefühl stellt sich von selbst ein, es braucht keine Regel, es ist einfach da.
Im roten Feld sind alle Gewinner. Wie man in den Wald rein ruft, schallt es zurück. Wahrheit oder Lippenbekenntnis.
Beim „Hintergedanken" geht der Schuss nach hinten los. Treffendes Wortspiel. Sie bestätigen uns die eigene Prophezeiung.
Kleiner Schritt im Kopf, großer im Leben.
Geborgen, geliebt, geachtet, geschätzt.
Dafür leben wir als Individuum, sammeln im blauen Feld einen Erfahrungsschatz.

Du siehst nur, was Du glauben willst.
Wissen ist Glauben ist Erfahrung.
Der Verstand sagt, umgedreht wird ein Schuh daraus. Er ist der Seitenverdreher.
Ob du denkst, es geht oder es geht nicht.
Am Ende behältst DU recht! Wie wahr.
Siehst` e, sagt das Ego, hab` s gewusst.
Ein Leben auf der Sonnenseite beginnt beim ersten neuen Gedanken. Gestattet ihm, zu wachsen, bewusst auf zu blühen.

ALLES beginnt mit dem **VERLANGEN** nach ETWAS. Lust auf Leben, die steckt an, die verbreitet sich, ist **die KRAFT,** die vernetzt, zueinander führt, erhalten bleibt.

Du wandelndes Lexikon

Fünkchen:

Jeder Mensch ein wandelnder Brockhaus, schön nummeriert, jeder Band ein Leben. Du schreibst im Gehen. Alle Bücher hast Du selbst verfasst, sie beinhalten all Deine Erfahrungen, Deine Erlebnisse. Staunen würdest Du, alles auf einmal zu lesen. Gib deinen Verstand einen Reisegutschein zu deinem Selbst. Behalte ihn im Auge, keine weiteren Diskussion, sonst überhörst Du wichtige Details, verirrst dich im Labyrinth der Gedanken. Es führt zwar jeder Weg letztendlich ans Ziel, doch Du verschenkst kostbare Zeit. Die meisten Erfahrungen hast Du schon gemacht, schlage nach, finde sie. Dein sehnlichster Wunsch ist, zu wissen, was geschieht bei Spielende. Wohin geht die Reise. Das letzte große Geheimnis ist den Armen von ENI sicher wohl behütet. Jetzt bist Du am Ende der Irrungen und Wirrungen. Du hast alles (S)selbst erdacht und erlebst es selbst.

Schlusswort

Wir **ALLE** –
Ob **BEWUSST** oder **UNBEWUSST**,
Sind auf der **SUCHE** nach dem
GEHEIMNIS, den **SCHLÜSSELN**,
Der **ERFOLGSFORMEL**,
Dem **GEWUSST WIE**, für ein
ERFÜLLTES GLÜCKLICHES LEBEN!

Auf diesem Weg kommen wir an vielen Dingen vorbei, an Informationsquellen unterschiedlicher Art. Überall lauert die Wahrheit, überall hat sie sich versteckt.

Das einzige, was wir erwarten ist, das es funktioniert und das wir wissen, warum. Triff die Entscheidung, das Bekannte zu hinterfragen. Wer nichts infrage stellt, kann nichts Neues erfahren. Doch...

WER FRAGT, FINDET GEHÖR! GEFÜHL. Wir, die Bergsteiger verabschieden sich und wünschen ALLEN ein gutes Gelingen.

Fünkchen:

Was sagst Du? Du hast es gewusst.
Fein. Und jetzt,..., weißt Du es. ALLES.

Ich hatte Spaß daran, Lunte zu legen, Funke für Funke, Wort für Wort. Alles fett Gedruckte aneinandergereiht, zündet am Ende ein Feuerwerk in Euren Herzen.
„Jolli" sei Dank, für seinen Charme und Witz, den er überall im Buch verstreut hat. Liebe sucht Liebe und Liebe findet Liebe.

Ist die Zeit reif, für einen Seitenwechsel?! Das Ende für einen neuen Anfang?! Lasst es Euch immer wieder gut munden. Dies Menü, weckt den Meisterkoch in Dir. Viel Spaß. Guten Appetit und zum Wohl.

Fünkchen –
Erkenne mich, lebe – liebe mich.
So, habe fertig.
Ego „Jolli" -
Erkenne mich, lebe – liebe mich.
Verrückter geht` s (n)immer.

Diese wunderbaren Erkenntnisse bringen uns in ein Gefühl, wie mitten im Sahnetopf schlemmen, wie Eis heiß, wie lecker mehr. Wir beten seit Ewigkeiten ENI an, lieben, „vergöttern", danken, erbitten Hilfe, wollen Eins Sein. Wir **selbst** verkörpern den Engel auf Erden, sind ein Teil von ENI, sind **Ursprungsenergie,** fühlen uns damit eng verbunden, weil wir es **SELBST** sind.

wffg
wer fragt – findet Gehör

Neues Bewusstsein

Wir sind für Euch da. Als der Mensch von nebenan, als Dein Erdenmitbewohner. Dein Coach für alle Fälle... wffg

„Wellness für den Geist
Freie Fahrt für die Seele
Streicheleinheiten für den Körper „

Kleine Orientierungshilfen:

1x1 des Aufwachen` s –
 Eine kleine Daseinshilfe

Heiß geliebt, oft verdammt,
 nur selten angenommen...Ego „Jolli"

Das Energiebündel Mensch
und seine Fähigkeiten

Rain-bow-network.de
Wege in eine neue Zeit! Voller Licht und Freude!

Persönliche Notizen

Falls der erste Vermerk sich auf die fehlende Seitennummerierung bezieht, ist er hiermit beantwortet. Die blaue Seite hat wie gewohnt, Alles im Inhaltsverzeichnis erfasst. Die rote Seite weiß, man findet immer genau das Kapitel, welches gerade Sinn macht. Entscheide, Kopf oder Zahl. Finden lassen oder selbst nummerieren.

ROT & BLAU

Persönliche Notizen

Persönliche Notizen